Uma breve história
da Europa

Dados Internacionais de Catalogação na Publicação (CIP)
(Câmara Brasileira do Livro, SP, Brasil)

Le Goff, Jacques
    Uma breve história da Europa / Jacques Le Goff ; tradução de Maria Ferreira. 4. ed. – Petrópolis, RJ : Vozes, 2014.

    Título original: L' Europe expliquée aux jeunes.

    1ª reimpressão, 2017.

    ISBN 978-85-326-3738-3

    1. Europa – História I. Título.

08-07804   CDD-940

Índices para catálogo sistemático:

    1. Europa : História   940

Jacques Le Goff

Uma breve história da Europa

Tradução de
Maria Ferreira

Petrópolis

© Éditions du Seuil, 1996 e 2007
Título original em francês: *L'Europe expliquée aux jeunes*

Direitos de publicação em língua portuguesa:
2008, Editora Vozes Ltda.
Rua Frei Luís, 100
25689-900 Petrópolis, RJ
www.vozes.com.br
Brasil

Todos os direitos reservados. Nenhuma parte desta obra
poderá ser reproduzida ou transmitida por qualquer forma e/ou
quaisquer meios (eletrônico ou mecânico, incluindo fotocópia
e gravação) ou arquivada em qualquer sistema ou
banco de dados sem permissão escrita da editora.

CONSELHO EDITORIAL

Diretor
Gilberto Gonçalves Garcia

Editores
Aline dos Santos Carneiro
Edrian Josué Pasini
Marilac Loraine Oleniki
Welder Lancieri Marchini

Conselheiros
Francisco Morás
Leonardo A.R.T. dos Santos
Ludovico Garmus
Teobaldo Heidemann
Volney J. Berkenbrock

Secretário executivo
João Batista Kreuch

Editoração: Frei Leonardo A.R.T. dos Santos
Diagramação: Anthares Composição
Capa: WM Design
Ilustração da capa: Olivier Balez

ISBN 978-85-326-3738-3 (Brasil)
ISBN 978-2-02-096160-8 (França)

Editado conforme o novo acordo ortográfico.

Este livro foi composto e impresso pela Editora Vozes Ltda.

Para Bárbara.

Sumário

Um viajante vai a pé da Europa até a Ásia, 11

A Europa existe?, 17

A família europeia, 22

A história alimenta a geografia, 23

O menor dos continentes, 24

A Europa e seus vizinhos asiáticos: troca de socos, troca de culturas, 27

O movimento dos homens: colonização, conquistas, imigração, 29

A leste, onde acaba a Europa?, 32

Na Europa o mar está sempre por perto, 33

Há muito tempo a Europa é conhecida em todo lugar, 34

Como é possível ser europeu?, 36

Os gregos inventam a Europa, 37

Uma princesa que veio da Ásia trazida por um deus, 38

Vamos vasculhar a Europa, 40

O estrato grego – Um médico julga os europeus e os asiáticos, 42

Democratas, humanistas e matemáticos, 43

Viva o corpo!, 45

O cidadão romano é um europeu?, 46

Nós falamos latim, 48

Um novo deus: o Cristo, 49

Uma nova Europa: a Cristandade, 50

A Europa se distancia do Oriente e se divide. As duas "Europas": a latina e a grega, 51

Uma fronteira atualmente invisível, 53

A divisão da Europa do Oeste: uma imigração violenta, mas bem-sucedida, 54

Invasores ou viajantes?, 55

As populações mestiças, 56

A Europa do pão e do vinho e a Europa da carne e da cerveja, 58

Os bárbaros criam a Europa das nações, 60

A conversão ao cristianismo: passaporte para a Europa, 61

Carlos Magno, o primeiro europeu?, 62

França e Alemanha: uma dupla solidária ou inimiga?, 63

Uma civilização europeia: intelectuais de todas as nações e imagens, 64

Morte de um europeu do século VIII, 65

A chegada de novos europeus, 66

Os normandos são nórdicos que viajaram muito, 67

Os muçulmanos da Espanha deixam a Europa, mas os turcos chegam, 69

A infeliz conquista de um túmulo vazio: as Cruzadas, 70

Os judeus perseguidos na Europa, 71

Os ciganos também, 73

A Idade Média, período essencial na formação da Europa, 74

O feudalismo: as relações de homem a homem, 75

Um só Deus, uma só Igreja, 76

Cidades, mercadores, escolas, 77

Os Estados e os príncipes, 80

Sem querer, a Europa descobre e coloniza um continente: a América, 82

Glória e vergonha, 84

Os montanheses suíços inventam a democracia na Europa, 85

A Europa floresce: Renascimento e humanismo, 86

A Europa se divide: católicos e protestantes, 88

Quaresma que chora e carnaval que ri, 90

A Europa se divide: as guerras entre os Estados, 92

Novos Estados dentro e fora da Europa, 93

A Europa barroca, 95

A Europa das ideias vai do humanismo ao Iluminismo, 97

Nascimento da ciência moderna na Europa, 99

Os europeus fazem girar a terra e os planetas, 100

Os europeus fazem o sangue circular, 102

Os europeus observam a maçã cair, 103

Os europeus constroem a caldeira, 104

Os europeus inventam a química moderna, 105

Os europeus aperfeiçoam o instrumento matemático, 106

Os europeus descobrem a estrutura do Universo, 107

O progresso, uma ideia nova na Europa, 108

A Revolução Francesa inflama a Europa: contra ou a favor?, 110

Uma fracassada tentativa de unir a Europa: Napoleão, 114

A Europa sonha com o romantismo, 115

Século XIX, o século das máquinas e do dinheiro, 117

A transformação da vida cotidiana dos europeus, 119

O despertar dos povos e das nações, 120

Nascimento da Itália e da Alemanha, 122

A Europa contra os povos, 123

A Europa coloniza o mundo: a Europa-mundo, 125

O século da História e da Filosofia, 132

As escolas e as universidades, 135

Os cientistas e os progressos científicos, 136

As ideologias dividem a Europa, 138

Uma Europa social e esportiva – vamos encerrar com uma nota
mais agradável!, 141

No século XX: da tragédia à esperança, 144

A Europa se entremata e desce aos infernos, 145

Uma breve história da Europa

Não devemos nos esquecer, 147

A Europa não domina mais o mundo, 152

Algumas datas do progresso da Europa unida, 159

De 15 a 27, 161

Rápido ou devagar?, 162

Qual Europa?, 164

Um viajante vai a pé da Europa até a Ásia

Depois de um pouco mais de três horas de voo, um viajante francês vindo de Paris desembarca em Istambul (antiga Constantinopla), uma cidade bem grande. Ele está na Turquia e na Europa. Em Istambul, atravessa um braço de mar estreito ao transpor uma ponte de algumas centenas de metros, e o viajante ainda está na Turquia, mas não está mais na Europa, e sim na Ásia. Ele passou a pé, em alguns minutos, da Turquia da Europa à Turquia da Ásia.

De Istambul, nosso viajante vai até a Rússia. De Moscou, dirige-se de avião ou de trem, em poucas horas, até a cadeia de montanhas situada a leste, os montes Urais. Ele começa a subir as montanhas. Quando sobe, ele está na Rússia e na Europa. Quando desce, ainda está na Rússia (mesmo se essa parte da Rússia chame-se Sibéria), mas não está mais na Europa, está na Ásia. Ele passou a pé, em poucas horas, da Rússia da Europa para a Rússia da Ásia.

O que é a Europa? Um continente – respondem os geógrafos –, isto é, um conjunto massivo de terras bem definido por fronteiras naturais, em geral por mares. É o caso da África, da América, da Oceania – mesmo que esta seja composta de muitas e muitas ilhas, grandes, como a Austrália, ou pequenas, como o Taiti. Mas a Europa, de onde se vai a pé de forma mais ou menos fácil até a Ásia, é um continente como os outros?[1]

Em Istambul, nosso viajante ouviu falar turco; bebeu café em um copo ou em uma panelinha com a borra do café não coado no fundo; comeu espetinhos de carne, principalmente de carneiro; viu edifícios religiosos com cúpulas e com torres altas – os minaretes – de onde, em determinadas horas, um homem, segundo as regras da religião muçulmana, chama para a oração; e ele tirou seus sapatos para visitar a mesquita. Percorreu, maravilhado, os imensos mercados compostos de pequenas lojas onde admirou, especialmente, os tapetes, as joias, os objetos de couro e respirou o odor inebriante das ervas, das especiarias e dos perfumes com cores cintilantes.

---

[1] Se vocês quiserem saber mais sobre a Europa e sua história, consultem: CARPENTIER, Jean & LEBRUN, François. *Histoire de l'Europe*. Paris: Seuil, 1990 [Edição atualizada em 1992].

Na Rússia, nosso viajante ouviu falar russo; deram-lhe um álcool muito forte para beber, a vodca, e, várias vezes durante o dia, uma infusão de chá em um grande bule de metal, o samovar; ele comeu, em vez de pão, crepes frescos de farinha, os blinis; entrou nas igrejas onde aconteciam longas cerimônias em uma liturgia com belos cantos e padres vestidos com ornamentos brilhantes. Aquilo se parecia com os ofícios religiosos católicos (mas, antes de entrar, mesmo permanecendo com os seus sapatos, ele tirou o seu chapéu), porém o cristianismo da ortodoxia grega era diferente, e uma grande parte dos ofícios não acontecia na presença dos fiéis: os padres oficiavam atrás de uma divisória revestida de imagens piedosas coloridas, a iconóstase. Enfim, disseram-lhe que, se fosse permanecer durante o inverno, deveria se prevenir contra o frio e comprar principalmente um belo chapéu de pele, uma chapka. E ele pagou-a na moeda do país, em rublos.

Nosso viajante foi em seguida até a Grã-Bretanha. Seu avião de Paris a Londres levou menos de uma hora e, caso volte a Londres, ele poderá agora ir de trem pelo túnel sob o Canal da Mancha em aproximadamente três horas. Doravante, portanto, a Grã-Bretanha não é mais uma ilha. Ela está ligada ao continente europeu por *esse* túnel, o que, geograficamente, torna-a muito mais europeia. Em Londres, serviram-lhe com frequência pratos com um molho de menta e ele apreciou o café da manhã original, o *breakfast*, mais farto (muitas vezes servido com ovos e bacon) e mais saboroso do que o café da manhã europeu, dito continental. Ele ficou surpreso quando viu que os automóveis andam na faixa da esquerda e não na da direita, como nos outros países da Europa (menos na Irlanda, antiga possessão britânica) e que as distâncias não são medidas em quilômetros, mas em *milles*; uma *mille* vale 1,609 quilômetros. Alguns amigos ingleses o levaram para ver uma partida do seu jogo preferido, o críquete, que se joga com um taco, uma bola e uma baliza. Este jogo, que não é jogado em qualquer outro país europeu, lhe pareceu bem estranho. A religião praticada pela maioria dos ingleses é uma variante da religião protestante, originária de uma divisão (cisma) do cristianismo no século XVI. Essa religião se assemelha muito ao catolicismo, mas não reconhece o papa como chefe; a Igreja Anglicana é uma igreja independente, e, uma coisa bem estranha para um francês e para a maior parte dos outros europeus, o soberano (o rei ou a rainha) é o seu chefe. Outra diferença surpreendente, no comando da Grã-Bretanha não há um presidente da República, mas um rei ou uma rainha. E em todo lugar, evidentemente, ele pagou com a moeda do país, a libra esterlina, e ouviu falar uma outra língua, o inglês.

Nosso viajante francês também poderia ir facilmente aos outros países europeus, nenhum deles é muito distante. No momento, vamos nos contentar em acompanhá-lo até Roma, na Itália. Primeiro ele ficou impressionado com o número de igrejas, de padres e de religiosas. É que Roma é tanto a capital da República Italiana quanto a de um pequeno Estado independente realmente extraordinário que se reduz a uma pequena porção da cidade de Roma, o Vaticano. Este Estado tem em seu comando um chefe religioso, o papa, que é o chefe da Igreja Católica. Fora do Vaticano, o papa é o chefe espiritual de todos os católicos, inúmeros na Europa, principalmente na Europa do Sul, e no mundo. Por toda a Itália, nosso viajante foi convidado em várias ocasiões a tomar café em bares onde um excelente café, bem concentrado, era servido em pequeníssimas xícaras, ele é produzido por brilhantes máquinas que já espalharam pela Europa esse café bem "forte", o *espresso*. Ele também comeu muita massa e

Uma breve história da Europa

lhe ensinaram a comê-la pouco cozida, *al dente*. Viu mais monumentos e obras de arte do que nos outros países da Europa – mesmo na França e na Espanha, que possuem, no entanto, muitas obras. Observou que aqui se fala outra língua, o italiano, mas esta tem semelhanças com o francês. Por exemplo, os dias da semana: em italiano se diz *lunedi* (*lundi*), *martedi* (*mardi*), *mercoledi* (*mercredi*), *giovedi* (*jeudi*), *venerdi* (*vendredi*), *sabbato* (*samedi*), *domenica* (*dimanche*). Ele se lembrou que o francês e o italiano fazem parte de um conjunto de línguas europeias vizinhas, as línguas românicas (francês, occitano, italiano, catalão, espanhol, português, romeno), que provêm de uma antiga língua falada numa parte importante da Europa, o latim[2].

---

[2] Sobre as línguas europeias, cf. YAGUELLO, Marina. *La Planète des Langues*. Paris: Seuil, 1993 [Coleção *Petit Point des Connaissances*].

A Europa existe?

Dessa forma, ele visitou, em menos de cinco horas de voo (e muitas vezes, excetuando-se a Rússia, em menos de três horas) ou em algumas horas de trem, países onde as pessoas falam línguas diferentes, não comem e não se vestem da mesma maneira, praticam religiões diferentes e se dizem turcos, russos, ingleses, alemães, norugueses, poloneses, italianos ou espanhóis, mas quase nunca europeus. E, no entanto, eles são europeus. Então, nosso viajante se pergunta: A Europa existe? Ser europeu, o que isso quer dizer?

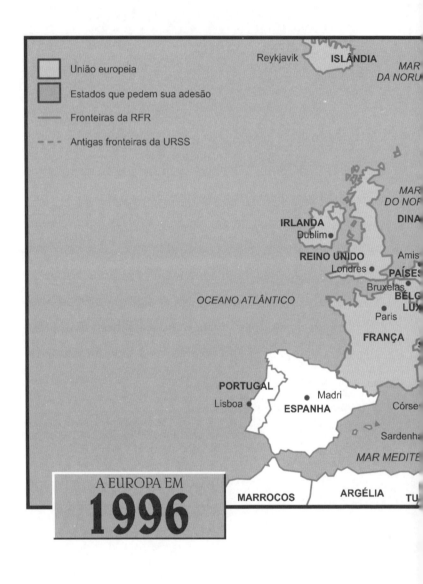

A família europeia

Para compreender por que esses europeus são tão diversos, mas formam, apesar de tudo, uma comunidade, pode-se refletir sobre o que é uma família. Em geral há algo de semelhante entre os membros de uma família, mas cada um tem também sua personalidade, sua aparência física, mas, principalmente, caráter, e comportamento diferentes. Não me refiro ao sexo, pois, para os países, isso não é levado em conta. No entanto, na língua francesa, por exemplo, a maior parte dos nomes dos países europeus é feminina, com exceção de Portugal, de Luxemburgo e da Dinamarca (*le* Danemark), e que em vez dos Países Baixos, nome oficial do país, os franceses preferem dizer a Holanda?

A história alimenta a geografia

A originalidade do continente europeu vem em primeiro lugar da geografia, assim como a de uma família vem do físico dos seus membros, mas o caráter foi forjado e determinado pela história, ou seja, pelos homens ao longo do tempo. Cada geração herda de seus pais e de seus ancestrais uma longa história, e, então, constrói sua própria vida, sua própria individualidade. O mesmo acontece com os continentes e os países que recebem, da geografia, certo número de condições materiais, e da história, que modela essa geografia, as heranças. Por exemplo, a Europa é um continente abraçado pelo mar, e essas condições eram favoráveis para o desenvolvimento da navegação marítima. Os europeus se lançaram aos mares, construíram esquadras e navegaram para longe: os gregos provavelmente atravessaram o estreito de Gibraltar, que eles chamavam as "colunas de Hércules", e os noruegueses, sem dúvida, foram até a América durante a Idade Média, bem antes de Cristóvão Colombo, sem, contudo, estabelecer uma rota regular, por falta de conhecimentos geográficos suficientes.

O menor dos continentes

Voltemos à geografia. Nosso viajante tomou contato com a primeira característica do continente europeu: é o menor dos continentes. Mesmo antes das estradas de ferro e do avião, era possível ir rapidamente de um ponto a outro da Europa. Um general romano, na Antiguidade, podia, deslocando-se a pé ou a cavalo, realizar em sua vida, partindo de Roma, várias campanhas militares na Gália (a França atual), na Germânia (oeste da Alemanha), na Espanha e até mesmo na Bretanha (a Grã-Bretanha atual). As montanhas não são muito altas, e mesmo as mais altas (Alpes) ou as mais massivas (Pirineus) ou as mais extensas (Cárpatos) são facilmente transponíveis. Muitos rios e riachos são navegáveis – entre os mais importantes estão o Reno e o Danúbio. Os europeus dispõem, portanto, de toda uma rede de rotas terrestres, fluviais e marítimas. Às rotas naturais acrescentam-se as estradas construídas pelos homens ao longo da história. Os romanos foram grandes construtores de estradas pavimentadas, ainda hoje seus vestígios podem ser vistos. A Europa é um continente onde as comunicações são abundantes, fáceis, rápidas, mesmo sem avião, por isso, foi possível construir vias rápidas: autoestradas e linhas de trem de grande velocidade (TGV). Qualquer europeu está próximo de uma estação de trem, de um aeroporto e muitas vezes de um porto.

Vamos pegar um globo terrestre, ou um atlas, e comparar a Europa aos outros continentes. Sua relativa pequenez é evidente. Se a transformarmos em números, temos que a Europa, cuja superfície é de 10,5 milhões de quilômetros quadrados, ocupa somente 7% das terras emersas, ao passo que a Ásia ocupa 30%, a América 28% e a África 20%. Vamos também pedir ao nosso viajante que vá de um ponto de cada continente até o seu ponto mais distante: na Europa, ele percorrerá 4.000 quilômetros do cabo Norte norueguês até a ilha grega de Creta, 4.300 quilômetros desse mesmo cabo Norte até a extremidade sudoeste de Portugal e, no máximo, 5.000 quilômetros entre Lisboa, capital de Portugal, e o leste da Rússia, os Montes Urais. Se ele quiser fazer a mesma viagem nos outros continentes, deverá percorrer aproximadamente o dobro. Hoje, o avião atenua essas diferenças, mas, até o nosso século, os europeus beneficiaram-se de uma importante vantagem em seus trajetos internos.

A Europa e seus vizinhos asiáticos: troca de socos, troca de culturas

Vamos dar mais uma olhada no globo terrestre ou no atlas. A Europa é o pedaço ocidental do enorme continente euro-asiático. Ela está separada da África apenas por um mar estreito, o Mediterrâneo. Europa, Ásia, África influenciaram-se mutuamente, às vezes por guerras, com mais frequência por invasões culturais pacíficas. A Europa conheceu, durante a Idade Média, invasões de povos asiáticos, como, por exemplo, as dos mongóis no século XIII[3]. Os turcos, no século XV, destruíram o Império Bizantino e tomaram Constantinopla, depois conquistaram uma parte do sudeste europeu; ainda existem muçulmanos na Bósnia-Herzegovina. Mas uma parte importante da cultura asiática veio enriquecer a cultura europeia, de tal forma que os estudiosos falam de cultura indo-europeia. Alguns contos da Idade Média e algumas *Fábulas* de La Fontaine são adap-

---

[3] Os europeus, aterrorizados, acreditaram que esses mongóis, chamados de "Tártaros", eram diabos que haviam escapado do inferno (*tartarus*, em latim).

tações de contos indianos. Os algarismos ditos árabes – que, ao substituir os algarismos romanos e ao se combinarem com a adoção do zero e do sistema decimal, permitiram que os europeus fizessem imensos progressos em aritmética – vieram da Índia. Muitas palavras europeias vêm da Ásia, principalmente do persa, do turco e do árabe: álgebra, divã, alfândega etc.

O movimento dos homens: colonização, conquistas, imigração

A partir da Grécia e de Roma, os europeus colonizaram uma grande parte do Oriente Próximo e do Magreb. Do lado africano-asiático, os árabes conquistaram, na Idade Média, a maior parte da península Ibérica e a Sicília. Desde o século XIX, os magrebinos são numerosos na Europa meridional, particularmente na França.

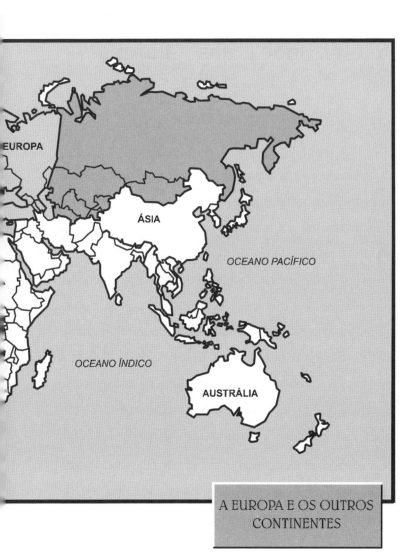

A EUROPA E OS OUTROS CONTINENTES

A leste, onde acaba a Europa?

A Leste, nem a geografia nem a história deixam claro onde a Europa acaba. Nas fronteiras ocidentais da Rússia? Nas montanhas dos Urais e do Cáucaso, integrando uma Rússia da Europa e excluindo uma vasta Rússia da Ásia? Se nosso viajante pegou o Transiberiano, esse célebre trem que liga Moscou a Vladivostok e a Pequim, na extremidade da Ásia, terá lido, no quilômetro 1777, sobre um obelisco, "Europa", sob uma flecha dirigida para o oeste, e "Ásia", sob uma outra flecha que mostra a direção leste. Nem todos aceitam a famosa fórmula de De Gaulle: "A Europa, do Atlântico aos Urais".

O mesmo acontece com a Turquia, cujo único pedacinho, mas onde está sua maior cidade, Istambul, que já visitamos, faz parte geograficamente da Europa. Ela é um Estado europeu com um grande apêndice asiático, ou um Estado asiático com um pequeno apêndice europeu?

Na Europa o mar está sempre por perto

Vamos dar uma última olhada no mapa ou no globo terrestre para ver como a geografia favoreceu a Europa.

Dos trinta e seis países europeus, os únicos que não têm saída para o mar são estes nove: Luxemburgo, Suíça, Áustria, República Tcheca, Eslováquia, Hungria, Macedônia, Moldávia e a Bielo-Rússia. A Europa é um continente abraçado pelo mar[4].

---

[4] Se você quiser saber mais sobre isso, cf.: JOURDIN, Michel Mollat du. *L'Europe et la Mer*. Paris: Seuil, 1993 [Coleção *Faire L'Europe*].

Há muito tempo a Europa é conhecida em todo lugar

Se vocês reunirem as modestas dimensões, o mar relativamente próximo, a relativa modicidade do relevo, o clima mais ou menos moderado, as aptidões econômicas bem favoráveis da maior parte dos solos (não há deserto, e a floresta virgem desapareceu há muito tempo) que caracterizam toda a Europa, vocês não se surpreenderão que em pouco tempo ela tenha sido valorizada e povoada em quase todos os lugares, ao contrário dos outros continentes. A pré-história deixou vestígios impressionantes na Europa: esqueletos, ferramentas, e principalmente, nas grutas, pinturas muitas vezes magníficas (em Alcântara, na Espanha, ou em Lascaux, na França, e em outras, recentemente descobertas, perto de Marselha e em Ardèche).

A Europa é um continente há muito tempo economicamente desenvolvido, culturalmente rico, dotado de uma longa história e de uma longa memória. Somente a China, a Índia, o Oriente Médio e o Oriente Próximo (em algumas partes de seu território) possuem uma tal riqueza de passado.

Mas a própria existência da Europa como comunidade humana apresenta dificuldades.

Como é possível ser europeu?

O grande filósofo francês do século XVIII, Montesquieu, em sua obra, *As Cartas persas*, faz com que os parisienses digam: "Como é possível ser persa?" Hoje em dia, a mesma pergunta ainda poderia ser feita em relação aos europeus: "Como é possível ser europeu?"

Os gregos inventam a Europa

A Europa é invenção dos gregos. O poeta Hesíodo (fim do século VIII e começo do século VII a.C.) foi o primeiro a empregar esse nome, e o célebre Heródoto, o "pai da História", no século V a.C., escreveu: "Quanto à Europa, parece que não se sabe de onde veio seu nome e nem quem o deu".

Uma princesa que veio da Ásia trazida por um deus

Todavia, uma lenda nasceu. Em Tiro, na margem asiática do Mediterrâneo (atualmente no Líbano), havia uma princesa que se chamava Europa. Era a filha do Rei Agenor. Certa noite, ela teve um sonho: duas terras, sob o aspecto de duas mulheres, brigavam por sua causa. Uma, a "Terra da Ásia", queria ficar com ela; a outra, a "Terra da Frente", queria levá-la para o mar, sob a ordem do rei dos deuses, Zeus. Quando acordou, a princesa foi colher flores à beira-mar. Um touro poderoso, mas gentil, surgiu das vagas e conseguiu que a princesa montasse em seu dorso. Depois, ele voou e lhe revelou que era Zeus metamorfoseado em animal. Ele a levou para uma grande ilha grega, Creta. Uniu-se a ela, tornando-a "mãe de nobres filhos".

Europa é um nome ainda misterioso para os estudiosos. Os cristãos desejaram dar a essa princesa da mitologia pagã (em outras versões da lenda, ela é uma ninfa) um nome cristão, mas não conseguiram encontrar um que se impusesse, e Europa permaneceu Europa. O sucesso desse mito é demonstrado pelas inúmeras pinturas representando o rapto da princesa ou da ninfa pelo deus-touro, Zeus (Júpiter para os latinos), nas antigas e ricas casas da Itália (há dezessete em Pompeia), da Gália, da (Grã-) Bretanha e da Germânia. Essa lenda inspirou vários pintores europeus até o século XVIII.

De suas origens, Europa conserva duas características: é uma mulher, uma bela mulher, digna de ser amada; é um mito, uma história inventada para explicar uma origem misteriosa.

Esse continente já tem um nome, mas que rumo a sua história vai tomar? Ele irá, como a princesa lendária que lhe deu o seu nome, tornar-se uma pessoa, ou seja, construir para si uma unidade? Ou, pelo contrário, vai continuar um mito, um sonho distante da realidade de povos múltiplos e diversos, um continente feito de europeus sem Europa?

Vamos olhar juntos aquilo que, desde o final da Antiguidade, isto é, um pouco mais de dois mil anos, impulsionou a Europa em direção à unidade, e o que, ao contrário, a desviou desse caminho.

Vamos vasculhar a Europa

Os europeus de hoje, ao longo dos sucessivos períodos da história, receberam certo número de heranças comuns. Vamos nos transformar em arqueólogos da Europa, primeiro sob a terra, depois nos livros, nas inscrições, nos arquivos, nos museus e na superfície do solo, em busca dos monumentos, das habitações e dos objetos pertencentes a épocas, a técnicas e a estilos diferentes. Em Paris, por exemplo, foram encontrados vestígios pré-históricos ou proto-históricos. Muitos datam da época dos celtas, ou seja, dos gauleses. Podemos vê-los no museu de Saint-Germain-en-Laye. Os gregos instalaram-se mais tarde em alguns lugares da Gália Meridional, principalmente em Marselha. As escavações feitas nos sítios arqueológicos do Velho-Porto permitiram que esse antigo estrato grego fosse descoberto. Depois os romanos conquistaram a Gália e deixaram uma camada (estrato) de monumentos e de civilização: teatros e antigos circos romanos em Nîmes, em Fréjus, em Saintes, em

Paris; pontes, como o do Rio Gard; locais de banhos como as termas de Paris. E assim por diante. Em uma cidade como Roma, pode-se encontrar uma igreja cristã antiga sobre uma casa romana antiga.

Essa civilização europeia comum é composta de elementos materiais, monumentos e casas (encontram-se casas romanas desde a Grã-Bretanha até a Andaluzia e na Sicília), mas principalmente de elementos culturais. Inúmeras palavras têm a mesma origem (o substantivo latino para rosa é encontrado em várias línguas europeias). Importantes estilos artísticos – as artes românica, gótica e barroca – espalharam-se por toda a Europa. Há igrejas góticas da Noruega a Portugal, da Escócia à Polônia. Essa civilização apoia-se principalmente em um espírito comum, maneiras de pensar e de se comportar, o sentimento de pertencer a uma mesma comunidade cultural. É o sentimento, consciente há séculos particularmente entre os europeus cultos, de que existe uma consciência europeia.

O estrato grego
Um médico julga os europeus
e os asiáticos

O primeiro testemunho dessa tomada de consciência europeia data da Antiguidade grega, desde os séculos V e IV a.C. Um célebre médico do século V a.C., Hipócrates, redigiu um juramento que todos os médicos devem pronunciar, pelo qual se comprometem a tratar dos doentes não somente segundo seus conhecimentos, mas também segundo sua consciência. Muitos médicos europeus devem ainda hoje (é o caso dos médicos franceses) prestar o juramento de Hipócrates. Quando vocês forem a um médico, caso não estejam se sentindo muito mal, deem uma olhada nas paredes do consultório; muitas vezes o juramento de Hipócrates está ali pendurado.

Hipócrates também, em função da influência dos climas, opôs os europeus, de acordo com ele, agressivos, mas apaixonados pela liberdade, aos asiáticos, pacíficos e mais interessados pelas artes do que pela guerra, mas que aceitavam facilmente se submeter aos tiranos, aos déspotas.

Democratas, humanistas e matemáticos

O gosto pela *democracia* (a palavra quer dizer: governo do povo), pela igualdade dos cidadãos urbanos diante da lei e na participação nos negócios públicos é a principal herança grega. A Europa é o continente mais democrático, mas a democracia conheceu ali terríveis recuos e importantes combates desde os gregos, e, ainda hoje, está longe de ser perfeita.

Os gregos foram os primeiros grandes sábios e filósofos da Europa. Eles procuraram alcançar a verdade e a sabedoria. Nas ciências, foram principalmente bons em matemática, e ainda hoje vocês aprendem os teoremas de Euclides, de Pitágoras, e a lei de Arquimedes. Como filósofos, dedicaram-se principalmente, por causa de Sócrates, a ensinar o homem a se conhecer: "Conhece-te a ti mesmo". Eles veneravam os deuses, mas colocaram o homem no centro do universo. Ensinaram os europeus a desenvolver as virtudes e as possibilidades humanas, a serem humanistas. Quando o cristianismo propôs que os europeus fossem principalmente homens com fé em um Deus, eles não esqueceram a lição de sabedoria dos gregos, a importância da razão e do espírito crítico. Os gregos estimavam que o humanismo deveria levar o homem a exercitar não somente seu espírito como também seu corpo.

Viva o corpo!

Foram os gregos que inventaram os Jogos Olímpicos, que reapareceram no final do século XIX para que os mais importantes esportistas do mundo, mas principalmente os da Europa, concorressem. Os gregos foram também fervorosos adeptos da beleza. O templo grego foi um modelo para os arquitetos durante séculos[5].

---

[5] Cf.: RAGON, Michel. *C'est quoi l'architecture?* Paris: Seuil, 1991. p. 16 [Coleção *Petit Point des Connaissances*].

O cidadão romano é um europeu?

A herança grega foi difundida pelos romanos. Eles conquistaram a Península Ibérica, a Gália. A Bretanha (Grã-Bretanha), a Germânia Ocidental e os países situados entre a atual Hungria e a Grécia. Deem uma olhada no mapa: é uma primeira prefiguração da Europa. Em toda a parte ocidental do Império, fala-se a mesma língua, e os homens servem nos mesmos exércitos.

O Imperador Caracala, em 212, decide que todo homem livre do Império tem o estatuto e os privilégios de cidadão romano: "É o primeiro exemplo de uma cidadania única em território europeu".

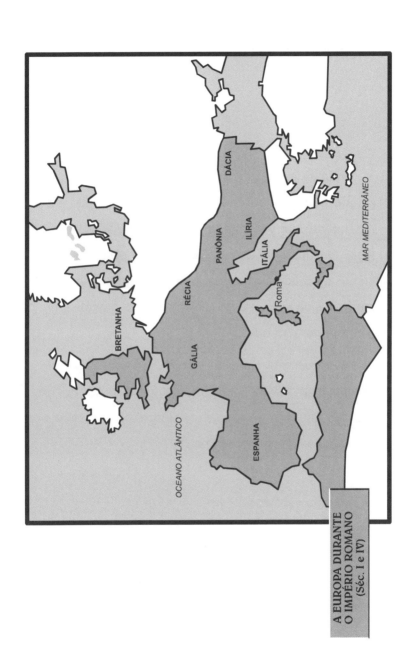

Nós falamos latim

Não se esqueçam de que o latim, que será assimilado pelo cristianismo, tanto durante a Idade Média, quanto depois, foi a língua fundamental da civilização europeia. É lamentável que ele seja cada vez menos ensinado na Europa, pois constitui um dos fundamentos da memória dos europeus. E também o grego, num grau menor.

Um novo deus: o Cristo

Os romanos veneravam inúmeros deuses, e sua religião consistia principalmente na realização de ritos, mas do Oriente chegam novos deuses que se dirigem especialmente ao coração e aos sentimentos íntimos. Um desses deuses, adorado primeiro pelos judeus, seduz cada vez mais homens e mulheres. É o Deus dos cristãos que, segundo seus fiéis, encarnou-se em um homem-Deus, Jesus, o Cristo, isto é, o ungido[6] do Senhor, e que morreu na cruz em Jerusalém sob o reinado do Imperador Tibério (por volta do ano 30 d.C.).

Depois de terem perseguido os cristãos, os imperadores fazem, no século IV, do cristianismo a religião oficial do Império. Nessa época de angústias, ele prometia aos seus fiéis a ressurreição no final dos tempos, a salvação eterna para aqueles que tiveram uma vida virtuosa e a reparação das injustiças e das desigualdades da sociedade terrestre. Os bons iriam para o paraíso e os maus para o inferno.

---

[6] "Ungido" significa "que recebeu uma unção", isto é, sobre quem foi feito um sinal com óleo.

Uma nova Europa: a Cristandade

Novos chefes espirituais aparecem na Europa: os padres e os monges, dirigidos pelos bispos. Entre estes, o bispo de Roma pretende ser o chefe supremo, o papa, ou seja, o pai. Um segundo aspecto da Europa aparece, o da Cristandade.

A Europa se distancia do Oriente e se divide. As duas "Europas": a latina e a grega

No Oeste do Império Romano, falava-se latim; no Leste, grego. Como o Oeste está em crise, o poder imperial desloca-se para leste. O Imperador Constantino estabelece sua capital, Constantinopla, na extrema ponta da Europa em contato com a Ásia. Nessa parte oriental do Império, a Igreja cristã – cuja língua é o grego e não o latim, e que depende não do papa e sim do patriarca[7] de Constantinopla – apresenta-se como a herdeira da "verdadeira" fé cristã: a ortodoxia.

A Igreja Cristã Latina, que se pretende universal (esse é o sentido da palavra "católica"), não cessa de se distanciar da Igreja Cristã Grega Ortodoxa. Em 1054, as duas igrejas cristãs declaram oficialmente sua ruptura; é o cisma. O cristianismo tem doravante duas cabeças: a latina é Roma; a grega, Constantinopla. Os povos ainda

---

[7] O patriarca é o chefe de uma Igreja Grega Ortodoxa importante. O patriarca de Constantinopla estava acima dos outros patriarcas. Ele era, para os orientais, aquilo que o papa significava para os cristãos latinos.

Uma breve história da Europa

pagãos que se tornarão cristãos ao longo da Idade Média serão convertidos a oeste por Roma, e a leste por Constantinopla.

Dessa forma se estabelece na Europa uma ruptura, essencialmente religiosa, mas que corresponde sem dúvida às diferenças mais gerais e mais profundas entre os europeus do Oeste e os europeus do Leste. Outras diferenças virão, ao longo da história, agravar essa ruptura, mas, dos dois lados, somos cristãos. Essas oposições ainda existem, e representam um grande problema para a construção europeia: há uma ou duas "Europas", uma Europa do Oeste e uma Europa do Leste?

Uma fronteira atualmente invisível

Vamos mandar nosso viajante para o leste da Europa. Não há entre essas duas "Europas" uma verdadeira fronteira. Ela é invisível, mas quando nosso viajante se embrenha em alguns países, ele se pergunta se ainda está na Europa. A prosperidade é visivelmente mais escassa, os costumes e as mentalidades nitidamente diferentes. Olhem os terríveis conflitos na ex-Iugoslávia. Os velhos antagonismos apareceram nessa ocasião: os eslovenos e os croatas são católicos; os sérvios, cristãos ortodoxos; desde a instalação dos turcos, a partir do século XV, há muitos muçulmanos na Bósnia. Na ex-Iugoslávia, são os cristãos romanos da Eslovênia e da Croácia e os cristãos ortodoxos da Sérvia que se combatem de forma brutal. A linha de ruptura religiosa e cultural tornou-se uma linha de guerra.

A divisão da Europa do Oeste: uma imigração violenta, mas bem-sucedida

Há algo de curioso nessa passagem da Antiguidade para a Idade Média, nos séculos IV e V, a mesma história que reaproxima os europeus, tornando-os todos cristãos reunidos na Cristandade, também os divide. Novos povos instalam-se e criam novos Estados que separam os povos anteriormente reunidos sob o Império Romano.

Invasores ou viajantes?

Essa imigração de povos vindos da Europa Nórdica e da Europa Central foi chamada pelos franceses as "grandes invasões" e pelos alemães os "grandes deslocamentos de povos". Vocês veem que os europeus ainda não têm a mesma opinião sobre sua história. Com efeito, a maior parte desses povos pertence a uma mesma família étnica, os germânicos, ancestrais dos alemães, assim como os gauleses são os ancestrais dos franceses. E geralmente esses recém-chegados foram tratados de "bárbaros", porque estavam em um nível de civilização considerado inferior: eles não utilizavam a escrita, sua civilização era oral. Por outro lado, sua instalação no Império Romano não foi pacífica. Foi uma conquista militar com sangrentos combates. Os bárbaros geralmente as venciam, porque eram bons metalúrgicos e estavam mais bem armados. Sua espada longa, com corte duplo, e bem forjada, foi particularmente eficaz.

As populações mestiças

Mas a vinda massiva dos bárbaros para o Império Romano foi apenas o último episódio de antigas relações. Romanos e bárbaros trocavam produtos, faziam empréstimos recíprocos em suas línguas e em seus costumes. Os recém-chegados não eram muito numerosos, ainda que fossem os mais fortes e dominassem as populações há muito sedentárias.

A cultura das populações romanizadas não desapareceu, e foi, no geral, adotada pelos imigrantes. O latim permaneceu a língua oficial, a do clérigo cristão e da maior parte da população. Com o tempo, os imigrantes também se identificaram com seus predecessores. Foi uma das sortes da Europa. A "pureza étnica" que se evoca atualmente, de forma escandalosa na ex-Iugoslávia, – e que, aliás, não existe realmente, pois a mistura é a lei das sociedades humanas – é, em geral, estéril e limitada em suas aptidões. Ao contrário, os povos originários de misturas são em geral mais ricos e mais fecundos do ponto de vista da civilização e das instituições. A mescla dos homens é uma fonte de progresso. Na Gália, por exemplo, a combinação dos dois principais povos, os gauleses, que se tornaram os galo-romanos, e os franco-germânicos instalados desde o século V, favoreceu o desenvolvimento da futura França.

A Europa do pão e do vinho e a Europa da carne e da cerveja

Os hábitos alimentares são importantes para definir os grupos humanos. A Europa dos romanos, povoada por camponeses que habitavam regiões de clima e de vegetação mediterrâneos, era uma Europa do pão e do vinho. Os recém-chegados, caçadores e criadores, se alimentavam de carne e bebiam mel fermentado, o hidromel. Quando se tornaram sedentários, passaram a fabricar e a beber cerveja. A cultura dos cereais fez de todos os europeus consumidores de pão, diferentemente dos asiáticos, comedores de arroz, dos africanos, comedores de mandioca, e dos índios, comedores de milho. Mas, apesar da circulação das bebidas em todo o continente, há ainda hoje, ao norte e ao leste, uma Europa da cerveja, e, a oeste e ao sul, uma Europa do vinho. Assim como o pão, a carne tornou-se um alimento habitual para os europeus, salvo para os mais pobres.

Fronteiras da Gália quando Clóvis morreu (511)

SAXÕES

ANGLO-SAXÕES

Tournai

Tolbiac (Zülpich)

Soissons

Paris

ALAMANOS

REINO
DOS
FRANCOS

REINO
DOS
BURGÚNDIOS

Vouillé

REINO
DOS
OSTROGODOS

OCEANO ATLÂNTICO

Vézeronce

MAR MEDITERRÂNEO

VISIGODOS

A GÁLIA
NA EUROPA (511)

Os bárbaros criam a Europa das nações

Ainda que todos os recém-chegados adotem a cultura romana e se convertam ao cristianismo, eles se dividem politicamente. Com efeito, mesmo próximos uns dos outros, combatem-se violentamente. Por exemplo, o chefe franco, Clóvis, parte de Tournai, na atual Bélgica, instala-se em Soissons, converte-se ao cristianismo, expulsa os visigodos da Espanha, destrói o reino dos burgúndios – que deram seu nome à Borgonha – e, então, escolhe Paris como capital. Os principais chefes são chamados de reis e constituem reinos que marcam uma etapa essencial na gênese dos Estados europeus atuais. Dessa forma, aparecem os esboços da Grã-Bretanha, da França, da Espanha, e, um pouco mais tarde, da Alemanha. A situação é mais complicada na Itália.

A conversão ao cristianismo: passaporte para a Europa

Pouco a pouco, todos esses "bárbaros" se convertem ao cristianismo. Na Europa medieval, a conversão ao cristianismo romano é o sinal de que um povo torna-se uma nação e passa a ser civilizado. É como, hoje em dia, ser admitido na ONU.

Carlos Magno, o primeiro europeu?

Nos séculos VIII e IX, a dinastia franca dos carolíngios reúne a maior parte da Cristandade sob o seu único domínio: a Gália, a Germânia e a Itália. Será por longo tempo, mesmo depois de sua separação, o coração da Europa.

O Império Carolíngio foi um fracasso, mas deixou uma herança muito importante para a Europa.

França e Alemanha: uma dupla solidária ou inimiga?

Em 800, Carlos Magno se faz coroar imperador pelo papa, em Roma. Ele deu a primeira expressão política a uma Europa Ocidental que ia do Mar do Norte ao Mediterrâneo e do Atlântico ao Elba. Ela deixava de fora, no entanto, as Ilhas Britânicas, a maior parte da Península Ibérica, conquistada pelos árabes, e os povos que permaneceram pagãos ao norte e ao leste da Europa. Quando o império foi dividido entre os netos de Carlos Magno, uma nova Europa das nações apareceu com a Itália, a França (Francia Ocidental) e a Alemanha (Francia Oriental). Estas duas últimas tornaram-se o par principal da futura Europa. Mas, entre elas, uma zona imprecisa de territórios tornar-se-ia o principal pomo da discórdia entre as duas nações, muitas vezes inimigas até 1945.

Uma civilização europeia: intelectuais de todas as nações e imagens

A toda a Europa, Carlos Magno e seus conselheiros legaram o esboço de uma civilização comum. Foi o primeiro "renascimento" europeu. Ele unia o cristianismo e a importante cultura romana clássica recuperada.

Essa Europa era toda a Europa Ocidental. Carlos Magno e seus sucessores trouxeram para sua corte, como conselheiros, intelectuais francos, italianos, germânicos, espanhóis, anglo-saxões e irlandeses. Por outro lado, ele contribui muito para a separação entre essa Europa Ocidental, latina, e a Europa Oriental, grega. Mas evitou que, em sua Europa, houvesse a crise grega de destruição das imagens na arte (iconoclasmo), quando se começou a representar Deus, os santos e o homem na pintura e na escultura, ao contrário das religiões judaica e muçulmana. Essa decisão foi essencial para o desenvolvimento do humanismo e da arte europeia. O que seriam nossas igrejas, nossos palácios, nossos museus, nossas casas, sem essas imagens?

Morte de um europeu
do século VIII

A célebre canção de gesta, uma epopeia, *A Canção de Rolando*, narra a morte de Rolando, sobrinho de Carlos Magno, morto nos Pirineus, em Roncenvaux, em 778, quando voltava de uma campanha de Carlos Magno contra os muçulmanos no norte da Espanha. Entre os mortos dessa batalha, há também um importante personagem da corte, Egginhard. A inscrição gravada em seu túmulo diz: "O italiano chora por ele, o franco tem o coração torturado, a Aquitânia e a Germânia estão de luto". Isso não significa o que era ser um europeu, mesmo antes da coroação de Carlos Magno?

A chegada de novos europeus

A Europa enriqueceu-se constantemente com a imigração. Do século IX ao XI, novos povos começaram a fazer parte da Cristandade, ou seja, da Europa.

Do lado ocidental, os germânicos do Leste, os húngaros e uma parte dos povos eslavos (poloneses, tchecos, eslovacos, eslovenos e croatas) começaram a fazer parte da Europa cristã latina.

Do lado oriental, o principal povo eslavo, os russos, e depois os eslavos instalados nos Bálcãs, os búlgaros e os sérvios, começam a fazer parte da Europa cristã grega.

Do lado latino, os últimos pagãos a entrar para a Europa cristã foram os prussianos e os lituanos.

Os normandos são nórdicos que viajaram muito

Entre os recém-chegados, os normandos da Escandinávia instalaram-se na França do Norte, dando seu nome à Normandia; outros normandos conquistaram a Grã-Bretanha no século XI. Outros se instalaram na Itália do Sul, onde fundaram o Reino de Nápoles e da Sicília. Assim, novas mestiçagens aconteceram na Europa. Na Itália do Sul, os normandos misturaram-se às antigas populações do Império Romano, aos gregos e aos alemães.

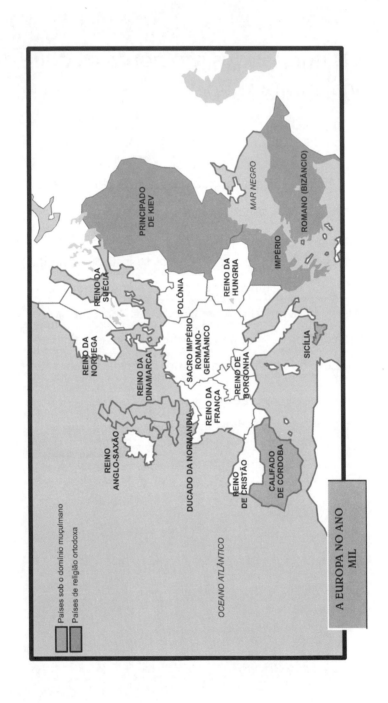

Os muçulmanos da Espanha deixam a Europa, mas os turcos chegam

Os cristãos da Península Ibérica expulsaram definitivamente os muçulmanos de Portugal e depois da Espanha com a reconquista do Reino de Granada, em 1492.

Mas, na Europa Oriental, os turcos, nos séculos XV e XVI, destruíram o Império Bizantino (tomaram Constantinopla em 1453 e conquistaram a Grécia e a maior parte dos Bálcãs: a Romênia atual, a Bulgária, a ex-Iugoslávia e a Albânia). Foi somente no século XX que eles foram expulsos da Europa, com exceção de um pequeno território em volta de Constantinopla que se tornou Istambul. Dessa forma, o mosaico dos povos europeus se complicou.

A infeliz conquista de um túmulo vazio: as Cruzadas

No século XI, a Igreja Romana levara os cristãos latinos a conquistar a Palestina, berço do cristianismo, e principalmente Jerusalém. Foi lá que Jesus fora crucificado, e que a igreja do Santo Sepulcro foi construída sobre o lugar onde fora depositado seu corpo antes de sua ressurreição (Jerusalém). Como essas expedições eram feitas sob o signo da cruz, foram chamadas de cruzadas. Elas culminaram na criação de Estados cristãos em Jerusalém e no Oriente Médio, e reforçaram, entre os europeus latinos, o sentimento de pertencer a uma mesma comunidade. Mas também foram ruinosas e culminaram em um completo fracasso no final do século XIII. Criaram um perigoso espírito de expansão militar entre os europeus do Oeste e alimentaram, como reação, o sentimento contrário de guerra santa, a *jihad*, entre os muçulmanos. As consequências nefastas das cruzadas são sentidas ainda hoje, quaisquer que tenham sido os sentimentos de fé e de coragem suscitados entre alguns cristãos. Já foi escrito que elas apenas trouxeram aos europeus o damasco, fruto desconhecido até então na Europa.

Os judeus perseguidos na Europa

Os judeus, uma população original por sua religião e por seus hábitos, encontravam-se, desde a Antiguidade e a destruição de Jerusalém pelos romanos nos séculos I e II, dispersos em comunidades mais ou menos pequenas, porém numerosas, principalmente nas cidades onde tinham sido confinados pelos cristãos. A Igreja Cristã condenava a religião judaica, pois ela não reconhecia o Cristo como o Salvador, o Messias. Mas os cristãos e os judeus coabitaram na Europa de forma bastante pacífica durante o primeiro milênio. O espírito de cruzada, a crescente irritação dos cristãos em relação aos judeus que podiam emprestar a juros, o que era proibido aos cristãos, e eram por isso considerados usurários, transformaram pouco a pouco em ódio os sentimentos dos cristãos em relação aos judeus. Perseguições de toda espécie e finalmente massacres coletivos, espontâneos ou organizados, atingiram os europeus judeus a partir do final do século XII. Os soberanos cristãos, como os reis da Grã-Bretanha, da França, da Espanha, de Portugal,

Uma breve história da Europa

expulsaram-nos de seu reino. Foi necessário esperar a Revolução Francesa para que a igualdade em relação aos outros cidadãos lhes fosse reconhecida, primeiro na França, e depois na maior parte dos outros Estados europeus. Mas os sentimentos hostis em relação aos judeus e à sua religião tornaram-se propriamente racistas, antissemitas, nos séculos XIX e XX, por causa de teorias falsamente científicas sobre a raça. Essa perversão culminou no atroz genocídio (assassinato sistemático de todo um povo) perpetrado pelos nazistas, a morte de milhões de judeus nos campos de concentração e nas câmaras de gás, a Shoah, durante a Segunda Guerra Mundial. Auschwitz tornou-se o lugar mais terrível e mais simbólico.

Na Europa Oriental, comunidades judaicas importantes sobreviveram, mas também foram submetidas a inúmeras perseguições, inclusive aos sangrentos pogroms[8].

O racismo antissemita, que infelizmente ainda não desapareceu por completo, é um dos aspectos mais abomináveis da história da Europa.

---

[8] Essa palavra designa o massacre de uma comunidade judaica por um grupo de racistas hostis aos judeus (antissemitas).

Os ciganos também

Perseguidas de forma mais branda, mas também maltratadas e parcialmente massacradas pelos nazistas, as populações itinerantes vindas da Índia e chegadas à Europa no século XV acabaram constituindo uma outra população mantida à distância. Esses marginais são os ciganos, e por causa dos seus acampamentos foram chamados, na Romênia, de romanichel e, na Boêmia, de boêmios.

A Idade Média, período essencial na formação da Europa

A Idade Média, do século V ao XV, viu a formação na Europa dos elementos mais importantes para a constituição de uma comunidade europeia.

O feudalismo: as relações de homem a homem

A Europa conheceu então uma organização econômica, social e política comum: o feudalismo. Nos territórios chamados de senhorias, os nobres – os senhores –, que moravam muitas vezes nos castelos-fortes, dominavam uma população de chefes de família nobres menos poderosos, os vassalos, e uma massa de camponeses. O mais importante eram as relações de homem a homem, a fidelidade ao senhor em troca de sua proteção.

Um só Deus, uma só Igreja

A Igreja dominava em toda a Europa. Principalmente no Oeste. Pouco a pouco, o papa tornou-se o único soberano eclesiástico. Desde o século XV até o papa polonês, João Paulo II, eleito em 1978, todos os papas foram italianos.

Abaixo do papa, os cardeais – que também foram durante muito tempo principalmente italianos e franceses – e, em toda a parte, os arcebispos, os bispos e os sacerdotes governavam os territórios eclesiásticos, as arquidioceses, as dioceses e as paróquias.

Cidades, mercadores, escolas

Até o século XX, os europeus eram, em sua grande maioria, homens do campo. Não se deve esquecer que os atuais camponeses são os herdeiros de 90% da população europeia anterior ao desenvolvimento da indústria nos séculos XVIII e XIX. Mas, na Idade Média, nasceram ou se desenvolveram inúmeras cidades: as mais importantes eram as sedes do poder dos reis e dos príncipes, e também de sua burocracia. Elas tinham, principalmente, uma importante atividade econômica, com artesãos, mercados e feiras: as de Champagne foram bastante frequentadas nos séculos XII e XIII. Um novo tipo de homem apareceu, o mercador. Os mais ricos mercadores comerciavam em toda a Europa, e até mesmo na Ásia e na África, e eram também banqueiros. Os mais poderosos foram os italianos (florentinos, genoveses e venezianos), os flamengos e os alemães que se agruparam numa grande associação comercial: a Hansa de Londres e Bruges, em Anvers, Hamburgo, Lübeck, Dantzig (atual Gdansk, na Polônia) e Riga. A circulação da moeda de ouro e de prata tornou-se muito importante, mas havia muitas moedas (o florim de Florença e o ducado de Veneza eram as mais renomadas). A troca das moedas era complicada e a ausência de uma moeda única entravou o desenvolvimento de um sistema econômico baseado no dinheiro: o capitalismo.

As cidades foram também centros culturais. Elas criaram as escolas onde se ensinava os filhos dos leigos, sobretudo dos burgueses, a ler, a escrever e a contar. Em algumas cidades, as corporações de mestres e de estudantes fundaram escolas de nível superior: as universidades. Elas existiram na Grã-Bretanha (Oxford, Cambridge), na Espanha (Salamanca), em Portugal (Coimbra), na Boêmia (Praga) e na Polônia (Cracóvia). As duas mais célebres foram Bolonha, para o direito, e Paris, para a teologia. Estudava-se também medicina em Salerno e em Montpellier. Os estudantes e os mestres, que viajavam por toda a Europa de uma universidade a outra, suscitaram uma grande produção de livros manuscritos e inauguraram um novo sistema de promoção quando eram bem-sucedidos nos exames. Você sabia que eles introduziram também um período de férias no verão?

As cidades foram também centros artísticos. A partir do ano 1.000, surgiu um novo estilo de arquitetura e de escultura: a arte românica. No século XII, foi nas cidades que a arte gótica sucedeu à arte românica e deixou a luz entrar nas igrejas por grandes janelas, e, sobretudo, a luz colorida, graças aos vitrais. O teatro, que desaparecera desde a Antiguidade, ali renasceu, as festas se multiplicaram, e a mais animada era o carnaval. Na cidade, enriquecia-se, aprendia-se e divertia-se o europeu. Mas houve também muitos pobres e malfeitores. A miséria e a delinquência urbana se desenvolveram.

Os Estados e os príncipes

Em quase toda a Europa, do século XIII ao XVI, acima dos senhores feudais, elevaram-se os reis e os príncipes, tanto nos vastos territórios – reinos e principados –, como nos territórios mais restritos em torno das grandes ou das médias cidades, principalmente na Itália e na Alemanha, como em Veneza, Milão, Florença, Colônia, Frankfurt ou Nurembergue. Os Estados mais poderosos e mais bem organizados foram a Grã-Bretanha e a França, e depois a Espanha e Portugal. Acima dos reis, havia a ideia de um poder abstrato que eles próprios deveriam servir, o que chamamos de Estado e que era então chamado de a "coroa". As assembleias de eclesiásticos, de nobres e de burgueses esforçavam-se em controlar o poder real: eram os parlamentos na Grã-Bretanha e na França, e as *cortes* na Espanha. O único país onde eles realmente conseguiram foi a Grã-Bretanha, onde o poder do rei não foi absoluto. Quanto ao povo, quando estava descontente, o único meio de se fazer escutar era a revolta. Duas cidades onde houve muitas revoltas foram

Roma (contra o imperador e o papa) e Paris (contra o poder real). Os reis confiaram uma grande parte da administração da justiça e das finanças a um corpo de funcionários, que na França eram chamados de "oficiais". O governo tornava-se mais e mais burocrático.

Diante da ascensão dos Estados e das cidades, as funções do imperador (sempre um alemão desde Carlos Magno) foram mais e mais honoríficas. Ele tinha prestígio, não poder.

Sem querer, a Europa descobre e coloniza um continente: a América

Em 1492, o italiano de Gênova, Cristóvão Colombo, formado em Portugal, partiu a serviço da Espanha para encontrar um caminho marítimo para as Índias pelo oeste, descobre, sem querer, um quarto continente, que alguns anos mais tarde Américo Vespúcio, um outro italiano, identifica; seu nome serve para batizar o novo continente: a América.

Os principais povos marítimos europeus conquistam e povoam o novo continente: portugueses e espanhóis, a América do Sul e o sul da América do Norte; franceses, ingleses e holandeses, o leste da América do Norte. Eles fazem desse continente uma nova Europa com as mesmas características: Nova Espanha, Nova França, Nova Grã-Bretanha, Nova Orleans, Nova Amsterdã (Nova York) etc.

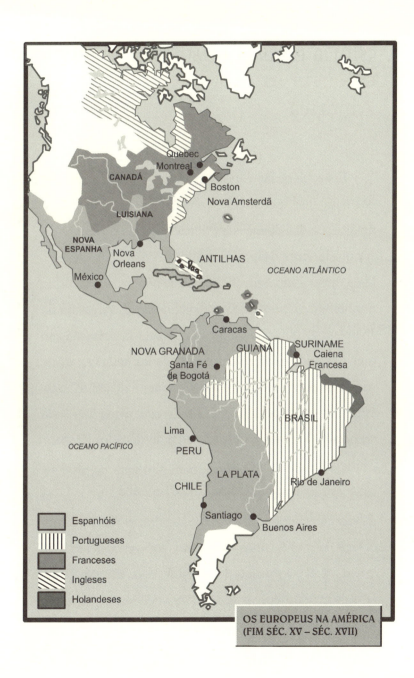

Glória e vergonha

Essas gloriosas conquistas se fazem em detrimento dos indígenas, por meio de massacres, pela destruição do álcool e das doenças introduzidas pelos europeus. Os conquistadores destroem grandes civilizações (Asteca, Maia, Inca) e impõem aos índios os hábitos europeus, e, num primeiro momento, a religião cristã. A vergonha da colonização europeia completa-se pela importação em massa, para explorar suas propriedades americanas, de negros da África reduzidos à escravidão: é o "tráfico", que durará até meados do século XIX, e que, ainda hoje, está na origem do grave problema negro nos Estados Unidos.

Os Estados Unidos encarnam a mistura de progresso e de crimes trazidos pelos europeus: eles são, a partir de sua independência, em 1776, a primeira nação democrática no mundo, mas foi preciso, em pleno século XIX, uma terrível guerra civil, a Guerra da Secessão, para abolir a escravidão dos negros. Vocês veem essa guerra em muitos filmes americanos, por exemplo, *E o vento levou*.

Os montanheses suíços inventam a democracia na Europa

Em 1291, os montanheses de três cantões dos Alpes formam uma união perpétua. É o começo da Confederação Helvética que controla os grandes desfiladeiros dos Alpes. Os habitantes elegem, segundo o princípio da democracia que dá uma voz a cada habitante, os chefes que devem prestar contas a todos de seu governo. Desde então, a Suíça será um país original fundado na igualdade e em uma independência que, no século XX, será expressa pela recusa em aderir aos blocos de nações que entraram em guerra. Essa neutralidade da Suíça permitiu-lhe, no século XIX, ser a sede de organismos internacionais caridosos em relação aos homens de todos os países como a Cruz Vermelha, ou políticos para tentar evitar os conflitos internacionais, como a Sociedades das Nações, entre as duas grandes guerras do século XX. Recentemente, essa vontade de preservar sua independência conduziu os suíços à recusa de entrar na União Europeia. Mas eles permanecem no centro da Europa.

A Europa floresce:
Renascimento e humanismo

Ao final de uma longa crise, nos séculos XV e XIX, a Europa se recompõe. Sua história é também uma sucessão de períodos de prosperidade e de crises. São as dificuldades de crescimento antes de um novo período de progresso. Por exemplo, entre 1945 e 1975, a Europa conheceu uma fase de prosperidade conhecida como os "trinta anos gloriosos" e, desde então, ela está em crise – o desemprego constitui o sinal mais importante.

No século XVI, a maior parte dos europeus vivem ainda na Idade Média, mas as mudanças se aceleram, as grandes descobertas estimulam o interesse pelos horizontes mundiais. O afluxo de metais preciosos americanos – ouro e prata – permite o aumento da moeda em circulação. A difusão de livros impressos espalha o conhecimento e a cultura. Um novo florescimento artístico que revaloriza a arte clássica – o Renascimento – mergulha em uma atmosfera de luxo e de festa. Ele desabrocha principalmente nas cortes reais e principescas. O Renascimento começou na Itália, de onde se espalhou por toda a Europa. A França contribui com criações particularmente brilhantes como os castelos do Vale do Loire.

O Renascimento italiano não se inspira apenas na Antiguidade latina, mas também na Antiguidade grega, trazida pelos intelectuais bizantinos que se refugiam no Ocidente depois da tomada de Constantinopla pelos turcos. Como na Grécia antiga, o homem volta a ser o centro do conhecimento e da cultura, e também o modelo da beleza artística. É o que expressa a importante estátua de *Davi*, esculpida por Miguelangelo em Florença, o mais importante artista do Renascimento. O espírito torna-se crítico. A filologia – estudo científico dos textos – corrige os textos antigos que os escribas recopiaram com erros. Um certo espírito de tolerância aparece. Esse modelo é dado por um holandês, Erasmo de Roterdã (1469-1536), que viveu, ensinou e escreveu na França, na Grã-Bretanha, na Itália, nos Países Baixos e, finalmente, na cidade alemã de Basel (atualmente na Suíça). Ele tenta conciliar o espírito clássico com o espírito evangélico. Erasmo personifica a cultura e o espírito universitário da Europa: programas comuns europeus de pesquisas e bolsas para estudantes que vão estudar em um país europeu diferente do seu têm o seu nome.

A Europa se divide: católicos e protestantes

A riqueza da Igreja, os maus hábitos do clero romano, começando pelos papas, o distanciamento das lições evangélicas de fraternidade e de amor fez com que alguns cristãos se revoltassem contra a Igreja e dela saíssem. Eram os reformados, ou protestantes, cujos dois principais chefes foram Martinho Lutero, na Alemanha, e João Calvino, em Genebra. Eles recusaram a autoridade do papa, o culto à Virgem e aos santos, a teologia da Idade Média. Quiseram voltar à Bíblia e aos Padres da Igreja. Suprimiram os monges; e os sacerdotes (ou pastores) puderam se casar.

O protestantismo venceu na Europa do Norte, da Grã-Bretanha aos Países Baixos e nos países escandinavos. O catolicismo manteve-se na Europa Meridional (Itália, Espanha, Portugal). Os dois cristianismos dividiram a Alemanha e a França, onde os protestantes eram minoritários e perseguidos pelo poder real que permaneceu católico.

Isso representou uma grande divisão no interior da Europa. Católicos e protestantes enfrentaram-se na França em terríveis guerras civis. Luís XIV acabou expulsando os protestantes de lá em 1685.

Quaresma que chora e carnaval que ri

A Igreja Católica tentou por sua vez se reformar. Foi a Contrarreforma, mas pode-se considerar que houve duas reformas cristãs: a protestante e a católica. De modo geral, os súditos praticavam a religião dos reis e dos príncipes. A divisão religiosa veio reforçar as divisões nacionais. Hoje em dia, não há qualquer hostilidade entre católicos e protestantes, que vivem em harmonia nos mesmos Estados, com exceção da Irlanda do Norte. Mas catolicismo e protestantismo deixaram marcas culturais e psicológicas. O protestantismo é, em geral, mais austero nos costumes e mais liberal nas ideias; o catolicismo, mais livre nos costumes e mais conservador nas ideias. Durante muito tempo, houve, tanto entre os protestantes quanto entre os católicos, duas tendências: uma à severidade, que se expressava no respeito ao período de jejum e de abstinência da quaresma, antes da Páscoa, e outra na exaltação das festividades do carnaval. O combate entre o carnaval e a quaresma foi um importante tema europeu imortalizado por um quadro de Bruegel (1559), que se encontra em Viena, na Áustria. Se o protestante Calvino não ri, Rabelais, o original padre católico, ri com seus heróis, os gigantes Gargântua e Pantagruel.

A Europa se divide: as guerras entre os Estados

Do século XVI ao XIX, quando um Estado europeu torna-se poderoso ou quando uma dinastia e uma família real adquirem prestígio, querem se impor – e muitas vezes pela força, pelas armas – à maior parte da Europa.

É o caso, no século XVI, da Espanha, que detém, no norte da Europa, os Países Baixos e a França-Comté e, na América, um vasto império colonial. Esse é o sonho de Carlos V, o último imperador, a quem seu título imperial confere uma auréola de glória (1519-1556), e de seu filho Felipe II, campeão da Europa católica contra os protestantes. No século XVII, a dominação da Europa é disputada entre a dinastia francesa dos Bourbons, principalmente com Luís XIV, o Rei-Sol, rei da guerra (1643-1715), e a dinastia austro-espanhola dos Habsburgos. No século XVIII, a Grã-Bretanha, cuja marinha domina os mares, é o árbitro da Europa. Isso resulta em uma longa série de guerras que opõem os europeus entre si.

Novos Estados dentro e fora da Europa

Em 1776, a Grã-Bretanha perde suas colônias americanas: é o nascimento dos Estados Unidos da América que, ainda que povoados em sua grande maioria por europeus, tornar-se-ão, no século XX, as grandes concorrentes da Europa.

Na Europa, é ao leste e ao norte que aparecem, no século XVIII, os Estados que se tornarão potências. É o caso da Rússia, que o Czar Pedro, o Grande (que foi trabalhar nos canteiros navais nos Países Baixos), quer modernizar tendo como modelo a Europa Ocidental. É também o da Suécia e da Prússia, cujos soberanos baseiam o poderio na força de seus exércitos.

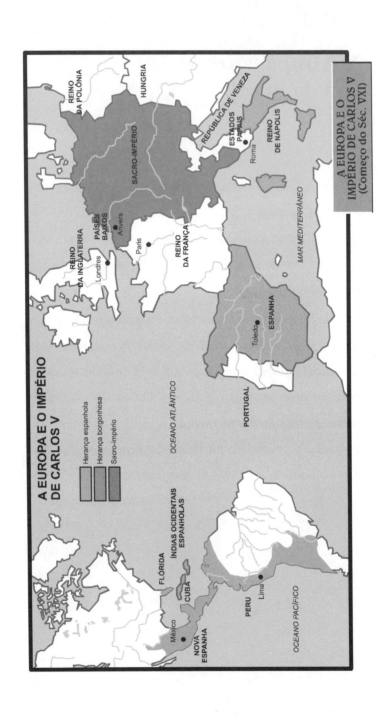

A Europa barroca

A Itália, principalmente Roma e Turim, lançou, no começo do século XVII, um novo estilo artístico expressando um gosto moderno, o barroco. A Europa é também uma sucessão de modas, de paixões ora pelas formas regulares, simples, simétricas, ora pelas formas complicadas, atormentadas, assimétricas. Os primeiros são clássicos e os segundos modernos. No século XVII, os clássicos dominaram principalmente a França e a Grã-Bretanha, mas, na maior parte da Europa, os modernos difundiram o barroco na arquitetura, na escultura, na pintura, na literatura e na música. O importante artista romano, Gian Lorenzo Bernini (1598- 1680), recebeu o pedido de projetos para o Louvre, mas o gosto clássico dominante fez com que eles fossem recusados pelo Ministro Colbert. No entanto, célebre em toda a Europa, Bernini executou uma estátua do rei Luís XIV e do rei da Inglaterra Carlos I. Sua brilhante imaginação fez com que realizasse magníficas fontes como a da praça Na-vona, em Roma.

Uma breve história da Europa

O barroco espalhou-se por toda a Europa, da Sicília à Lituânia, de Palermo a Vilnius e Moscou. Turim, Veneza, Genova e Nápoles na Itália, Salamanca na Espanha e Praga na Boêmia são importantes cidades barrocas.

O mais importante pintor barroco, o flamengo Petrus Rubens (1577-1640), viveu e trabalhou, na Itália e em Anvers, para o rei da Inglaterra, em Londres, e para a rainha Maria de Médici, em Paris.

O barroco expressou-se principalmente na arquitetura e na música. Alguns célebres músicos do século XVIII compuseram importantes obras: um concerto do veneziano Antonio Vivaldi, uma fuga do alemão Johan Sebastian Bach, uma ópera do francês Jean-Philippe Rameau, um oratório do alemão instalado na Grã-Bretanha, Georg Handel, são tesouros barrocos europeus.

Hoje em dia, quando se diz "é barroco", vocês compreendem "é estranho, extravagante". Essa palavra exprime bem o que o termo, originariamente português, queria dizer: barroco é uma pérola irregular. E o belo barroco é como uma pérola, bela e original.

A Europa das ideias vai do humanismo ao Iluminismo

Felizmente, as grandes potências dominadoras também se impõem pelo prestígio das artes e das letras. De meados do século XVI a meados do século XVII, temos o século de ouro espanhol. Seu escritor é Miguel de Cervantes e seu teatro inspira o da maior parte da Europa, como, por exemplo, *O Cid*, de Pierre Corneille. A Espanha inventa heróis que farão, na literatura, a volta à Europa: Dom Quixote e Sancho Pança, Dom Juan. A França, dita clássica, sob Luís XIV, difunde por sua vez seus modelos literários, artísticos, Molière e o palácio de Versalhes, e principalmente sua língua, que se torna até o século XX, a língua da Europa nobre, burguesa e cultivada. A Itália permanece o país da arte europeia. Todo jovem artista europeu deve beber na fonte da arte na Itália visitando-a cuidadosamente: é a "grande viagem". É em Roma que se respira o grande refinamento da arte europeia. Muitos artistas franceses dos séculos XVII e XVIII foram romanos durante um período mais ou menos longo de suas vidas, como Nicolas Poussin.

No século XVIII, o Iluminismo vem primeiro do Norte, da Inglaterra. É o triunfo da filosofia inglesa que conquistará o continente, transmitida principalmente pelos filósofos franceses. A partir do século XVI, espíritos audaciosos – às vezes pagando com sua própria vida – criticaram a religião. Doravante, a ciência e a razão alimentam a reflexão filosófica que se torna cada vez mais livre, irreverente e audaciosa em relação à religião e ao poder político. O Iluminismo, ou Século das Luzes como é também conhecido, constitui uma nova e importante etapa do pensamento europeu, de Portugal à Rússia. Mesmo os soberanos bem pouco liberais interessam-se pela filosofia e convidam, como conselheiros, filósofos franceses, Voltaire e Diderot principalmente. É o caso do Rei da Prússia, Frederico II; da Czarina Catarina II e do Imperador da Áustria, José II. Mas tanto os soberanos quanto os filósofos se surpreendem quando percebem que se iludiram mutuamente. Aliás, a maior parte dos governantes, particularmente sob a pressão da Igreja nos países católicos, pratica uma censura bastante intolerante em relação aos livros, aos escritos, às imagens, aos espetáculos. Em relação aos livros, a maior parte dos autores contestatários é publicada sob pseudônimo, na Holanda, país protestante e liberal.

Nascimento da ciência moderna na Europa

Existiu uma ciência brilhante na China antiga: ela inventara antes da Europa a bússola, o papel, a pólvora de canhão, a imprensa, o papel-moeda, o relógio. Mas não tirou muito partido dessas invenções, que ficaram nas mãos dos imperadores, de seus burocratas, os mandarins, e dos letrados. Muitas vezes elas permaneceram como curiosidades.

A Europa combinou a invenção e a difusão da invenção, a teoria e a prática, as ideias e sua aplicação na vida cotidiana. A partir do século XV, aproximadamente, a ciência na Europa progrediu pela observação, o cálculo e a teoria, a demonstração, a experimentação, a aplicação. Vejamos alguns exemplos.

Os europeus fazem girar a Terra e os planetas

Já na Idade Média, os europeus sabiam que a Terra não era plana e sim redonda; todavia, eles não discutiam a teoria de Ptolomeu conforme o ensinamento da Igreja e da Bíblia, segundo a qual a Terra está imóvel no centro do Universo, que gira ao redor dela.

O astrônomo polonês Nicolau Copérnico (1473-1543), que estudara na Itália, ao observar e ao calcular o movimento dos planetas, descobriu que eles giravam não em torno da Terra, mas em torno do Sol. Entre eles, a Terra também girava em torno do Sol. Por prudência, ele apenas publicou a obra expondo sua teoria quando sentiu que estava prestes a morrer. O alemão Johannes Kepler (1571-1630) e o italiano Galileu (1564-1642) foram ainda mais longe. Galileu construiu uma luneta de aproximação que lhe permitiu descobrir as fases do movimento do planeta Vênus em torno do Sol. Ele foi o verdadeiro fundador da física científica ao dar as leis de funcionamento do Universo independentes de forças celestes sobrenaturais. Condenado pelo papa, foi obrigado pelo tribunal da Inquisição – criado na Idade Média pela Igreja para combater os heréticos – a abjurar, a renunciar solenemente à sua teoria. Ele teria murmurado: "E, no entanto, ela se move!"

Os europeus fazem o sangue circular

Um médico inglês, Willian Harvey (1578-1657), que estudou em Cambridge, na Inglaterra, e em Pádua, na Itália, descobre a circulação do sangue em 1616 e a expõe em uma obra de 1628. Ele foi o primeiro a calcular a quantidade de sangue contida no coração e no corpo humano. Doravante, poder-se-á estudar e cuidar melhor das doenças desse líquido tão importante e vital para o homem.

Os europeus observam a maçã cair

O inglês Isaac Newton é um grande observador e experimentador. Conta-se que, ao ver uma maçã cair aos seus pés, ele teria deduzido a lei da gravidade terrestre que permite calcular como dois corpos se atraem. Essa lei é aplicada sobre a terra e no céu. Sábio universal, Newton foi célebre pelos progressos que proporcionou à ciência da visão, a ótica. Ele construiu um telescópio e também mostrou a decomposição, por meio de um prisma, da luz branca em cores fundamentais (violeta, índigo, azul, verde, amarelo, laranja, vermelho). Forneceu a carta do método científico racional em um importante livro, os *Princípios matemáticos da filosofia natural* (1686-1687).

Os europeus constroem a caldeira

O francês Denis Papin (1647-1712) observa a força do vapor da água. Por ser protestante teve que se exilar da França em 1685. É na Inglaterra que ele inventa a caldeira que permite empregar a pressão do vapor da água para movimentar um pistão dentro de um cilindro.

É uma revolução no campo da energia. Antes, essa energia para o trabalho era fornecida pelo homem, depois, com o moinho na Idade Média, pela água e pelo ar. O vapor permite o desenvolvimento da indústria moderna, que nasceu na Europa. Ela vai acionar inúmeras máquinas, e logo veremos barcos e locomotivas a vapor.

Os europeus inventam a química moderna

O nome mais importante é o do francês Lavoisier (1743-1794), mas há também o sueco Carl Wilhelm Scheele (1742-1786), o inglês Henry Cavendish (1731-1810) e outros. Eles descobrem os corpos químicos, como o hidrogênio, a composição da água e do ar, as combinações dos corpos entre si, suas reações, aprendem a analisá-los e a sintetizá-los, e a avaliar as quantidades dos componentes dos corpos. As aplicações na indústria, na medicina, na vida cotidiana são infinitas. O italiano Alessandro Volta (1745-1827) inventa, em 1800, a pilha elétrica. Essas descobertas mudaram o saber e a vida dos homens.

Os europeus aperfeiçoam o instrumento matemático

Na base de muitas das invenções há o cálculo. A matemática faz progressos consideráveis, em particular a álgebra, e suas aplicações fornecem as ferramentas precisas ao conjunto das ciências físicas e naturais. As principais descobertas nesse campo são: obras do francês René Descartes (1596-1650), do alemão Gottfried Leibniz (1646-1716), do suíço Leonhard Euler (1707-1783) e do ítalo-francês Louis de Lagrange (1736-1813), que trabalhou em Turim, Berlim e Paris.

Os europeus descobrem a estrutura do Universo

A astronomia se beneficia de todas essas descobertas. O francês Pierre Laplace (1749-1827), astrônomo, matemático e físico, propõe um "sistema do mundo" no qual o sistema solar e, portanto, nossa Terra, originar-se-iam de uma nebulosa em rotação. Ele reúne todas as descobertas desde Newton em uma grande obra, a *Mecânica celeste*.

O progresso, uma ideia nova na Europa

Vocês compreenderam que todas essas descobertas, essas invenções que constituem a ciência moderna, estão ligadas entre si, decorrem umas das outras, representam a obra coletiva de uma comunidade de cientistas europeus. Os mais jovens são os alunos dos mais antigos, aqueles que são contemporâneos se conhecem, se escrevem, se encontram. Existiu uma Europa moderna científica.

Esses homens de ciência muitas vezes têm consciência de que as invenções científicas estão estreitamente ligadas às invenções técnicas. Isso é particularmente evidente no campo do vapor. Essas descobertas científicas e técnicas estão também ligadas às ideias, aquelas dos filósofos do Iluminismo.

Esta constatação inspira o empreendimento de uma grande obra coletiva, realizada por um grupo de filósofos e sábios europeus, principalmente franceses, sob a direção do filósofo Diderot e do filósofo e matemático d'Alembert. É *A Enciclopédia* ou *Dicionário Raisonné das Ciências, Artes e Ofícios*, cujos dezessete volumes aparecem de 1751 a 1772. Esta súmula do espírito moderno foi muito lida em toda a Europa, onde as pessoas instruídas liam em francês.

A *Enciclopédia* difunde a ideia de que a humanidade realizara na Europa, nos campos material, científico e filosófico, descobertas que superavam tudo o que existira desde a Antiguidade. A ideia de progresso mobilizou os europeus e eles a espalharam pelo mundo inteiro.

Hoje, depois de termos conhecido, no século XX, tantas atrocidades, crises, retornos à barbárie e à impotência, duvidamos da realidade do progresso. Mas, ainda que ele nem sempre seja constatado, não seja contínuo, não avance e até mesmo seja rejeitado, devemos agir como se isso não passasse de simples acidentes. A Europa deve retomar seu caminho em direção ao progresso que ela foi a primeira a realizar, a definir e a propor aos homens.

A Revolução Francesa inflama a Europa: contra ou a favor?

Vocês sabem que em 1789 os franceses fazem uma revolução, ou seja, mudam radicalmente, tanto o jeito como são governados quanto a sociedade. A monarquia é abolida e a república é proclamada em seu lugar. São as assembleias de deputados eleitos que governam o conjunto dos franceses que é chamado de nação. Esses deputados abolem o regime feudal: não haverá mais senhores usufruindo dos favores que eram chamados de privilégios. Por exemplo, eles não recebem mais os tributos senhoriais pagos por seus camponeses, perdem o privilégio de ser os únicos que praticam certas atividades como a caça, não devem mais se distinguir por sinais exteriores: vestuários luxuosos e perucas, carruagens etc. Os deputados proclamam que todos os franceses são livres e iguais. Eles atribuem à república uma divisa que figura nos edifícios públicos: "Liberdade, igualdade, fraternidade". Vocês acham, a partir do que veem em volta de vocês, que esse ideal foi realizado?

Eles fazem muito mais, querem dar um modelo humano que seja adotado por todos: é a *Declaração dos direitos do homem e do cidadão*. Ela insiste principalmente na liberdade. Um homem (ou uma mulher – apesar de muitas terem participado na Revolução, esta é feita, sobretudo, pelos homens e para os homens) não pode ser perseguido, preso por suas opiniões. A integridade do corpo dos indivíduos deve ser respeitada: não são admitidos castigos corporais, nem torturas. Se hoje a maioria dos direitos do homem é mais ou menos respeitada na Europa, o mesmo não acontece no mundo. E esses direitos, proclamados por europeus, na Europa, estão, mais do que nunca, na ordem do dia em muitas partes do mundo. Organismos corajosos, como a Anistia Internacional, esforçam-se para que sejam respeitados.

Infelizmente, a Revolução Francesa nem sempre observou seus próprios princípios e conheceu perversões que devem ser condenadas. A repercussão foi nefasta na Europa.

A liberdade e a igualdade deveriam conduzir à tolerância. Ora, rapidamente, são os mais intolerantes dos revolucionários que tomam o poder. Eles restringem as liberdades dos cidadãos, guilhotinam seus inimigos sem res-

Uma breve história da Europa

peitar o direito de que sejam honestamente defendidos por tribunais independentes. Eles estabelecem o reino do terror. Esses grupos republicanos conduzem, na França do Oeste, uma guerra intolerante e muitas vezes bárbara contra os adversários da república: nobres, sacerdotes, camponeses, os habitantes da Vendeia ou os insurgentes *chouans*. Esses extremistas revolucionários atacam também a Igreja Católica e, até mesmo, a religião.

A Revolução levantou assim a hostilidade da maior parte dos sacerdotes e de muitos fiéis ligados à religião. Mais uma vez, ela foi intolerante. Por outro lado, ela reconheceu os protestantes e os judeus como cidadãos plenos, como os outros.

Mas principalmente, os revolucionários, em 1792, declararam guerra ao imperador da Áustria e ao rei da Prússia, que ameaçavam restabelecer o rei e o antigo regime, e depois ao rei da Grã-Bretanha e aos Países Baixos. A guerra levou a Revolução Francesa a intervir em quase toda a Europa. Ela misturou dois desejos, no entanto, contraditórios: de um lado, levar os benefícios da Revolução, e primeiramente a liberdade, aos povos europeus oprimidos por seus reis e por seus chefes; por outro lado, satisfazer o desejo de conquista dos franceses.

Os europeus dividiram-se em adeptos e adversários da Revolução. Essa nova fratura na Europa durou
muito tempo, opondo revolucionários e contrarrevo-
lucionários, progressistas e reacionários. Ela alimen-
tou a oposição que existe até hoje entre a esquerda e
a direita.

Pode-se dizer que os povos são, num primeiro momento, adeptos da Revolução que eles querem imitar em
seus países e que os governantes, príncipes e nobres,
opõem-se aos revolucionários franceses. Logo os povos
voltar-se-ão contra a Revolução Francesa, que adquire
cada vez mais ares nacionais e dominadores.

Uma fracassada tentativa de unir a Europa: Napoleão

Napoleão Bonaparte, quando toma o poder na França, espalha a guerra pela Europa. Ele quer, em primeiro lugar, concretizar algumas das reformas realizadas pela Revolução, trazer mais liberdade e justiça. Ele é, no início, bem recebido em países como a Polônia – que foi dividida por seus poderosos vizinhos, a Rússia, a Áustria, a Prússia – a Dalmácia, oprimida pela Áustria, ou em Nápoles, que não gosta de seus reis da dinastia dos Bourbons. Mas toda a Europa acaba se aliando contra ele – inclusive os povos que se levantam contra a Europa francesa napoleônica: os russos obrigam Napoleão, que havia tomado Moscou, a uma terrível retirada durante o inverno; quanto aos espanhóis, eles recorrem principalmente à guerrilha, guerra popular feita não por exércitos regulares, mas por mercenários.

No século XX, a Europa hitlerista, mais horrível ainda, fracassará. A Europa não pode se unir senão pela adesão voluntária das nações e dos povos.

A Europa sonha com o romantismo

O romantismo, assim como o humanismo, o barroco, o Iluminismo que vimos nascer e se espalhar por toda a Europa, é um novo movimento literário e artístico, cujo ancestral é o genebrino Jean-Jacques Rousseau, que se difunde na primeira metade do século XIX, dos países eslavos e escandinavos aos países mediterrâneos. Na Rússia, por exemplo, o grande poeta Pouchkine é seu representante. O romantismo inspirou principalmente os poetas, os pintores e os músicos. Ele exaltou as grandes paixões e o sonho, o espírito de liberdade; expressou-se pelo movimento e pela cor. Foram grandes românticos: na Grã-Bretanha, os poetas Georg Byron, John Keats e Percy Shelley; nos países germânicos, os músicos Ludwig van Beethoven, Franz Schubert, Robert Schumann; na França, o escritor François René de Chateaubriand, os poetas Alphonse de Lamartine, Victor Hugo, Alfred de Musset, o pintor Eugène Delacroix, o músico Hector Berlioz; na Itália, o romancista Alessandro Manzoni, o poeta Giacomo

Uma breve história da Europa

Leopardi; o músico polonês Frédéric Chopin, o músico húngaro Franz Liszt. Toda a Europa leu esses poetas e executou as obras desses músicos. Ainda hoje, muitos europeus têm uma sensibilidade romântica.

Século XIX, o século das máquinas e do dinheiro

Primeiro a Grã-Bretanha, depois são os países do continente que exploram as novas técnicas, constroem máquinas, criam a indústria. A usina invade a paisagem europeia, com suas chaminés e sua fumaça. Explora-se de modo considerável o carvão e o ferro. As regiões negras aparecem na Inglaterra (as Middlands); na França (o Norte e a Lorena) e na Alemanha (o Ruhr). Com o trabalho do algodão surge a indústria têxtil. Dessa forma, aparecem novos trabalhadores, os operários, que formam a classe operária e muitas vezes vivem em condições insalubres e miseráveis. A máquina a vapor provoca uma grande transformação nos meios de comunicação. As estradas de ferro transportam viajantes e mercadorias. Os barcos a vapor desbancam os grandes veleiros.

No fim do século, acontece uma segunda Revolução Industrial. A eletricidade aparece. O motor à explosão permite a utilização do gás e do petróleo. A Torre Eiffel, em 1889, é ainda construída em ferro, mas fabri-

Uma breve história da Europa

ca-se mais e mais o aço. Os produtos químicos permitem que os colorantes, os têxteis artificiais, os fertilizantes para a agricultura se multipliquem. A produção de tantos produtos novos supõe que se possa comprá-los e financiar sua fabricação. É preciso reunir os capitais, organizar o crédito, fazer com que o dinheiro circule. Os bancos se desenvolvem, o papel-moeda difunde-se, criam-se sociedades por ações nas quais aqueles que trouxeram dinheiro, os acionários, têm um número de títulos que corresponde ao número de ações que eles compraram. É o triunfo do capitalismo. A Europa entrou na era do dinheiro. Mais do que nunca, ela se divide entre ricos e pobres.

A transformação da vida cotidiana dos europeus

A máquina de costura, a bicicleta, o telefone mudam a vida dos europeus. São de fato invenções europeias, mas os Estados Unidos da América participam doravante do progresso científico e econômico. O americano Thomas Edison faz inúmeras invenções, entre as quais a lâmpada incandescente que ilumina por aquecimento intensivo de um fio. Depois é o automóvel, e, então, o avião e, por fim, o cinematógrafo dos irmãos Lumière – cujo centenário foi festejado em 1995. Um novo homem apareceu: o engenheiro.

O despertar dos povos e das nações

O século XIX vê o despertar dos povos há muito dominados. É a explosão do nacionalismo sob suas duas formas, a boa e a má. O direito à independência é a boa, é o que se chama o direito dos povos de dispor de si mesmos. Uma primeira explosão, em 1830, conduz a um regime mais liberal na França (Delacroix representa em um célebre quadro a liberdade empunhando a bandeira tricolor sobre as barricadas levantadas pelos parisienses contra o rei) e à formação de um novo Estado na Europa: a Bélgica, que se separa dos holandeses. A Grécia torna-se independente da Turquia. Muitos intelectuais europeus ajudaram-na em sua luta, como o poeta inglês Byron.

Em vários lugares, em 1848, em grande parte da Europa, movimentos revolucionários explodem. É a "primavera dos povos". A República é proclamada na França.

Mas também surge o mau nacionalismo. Aquele pelo qual um povo se proclama superior aos seus vizinhos e quer anexar territórios nos quais ele representa apenas uma minoria. Um nacionalismo agressivo e belicoso é uma ameaça para a independência dos outros e para a paz.

Nascimento da Itália e da Alemanha

Dois povos conseguem formar sua unidade nacional, tornam-se Estados nacionais, mas com um rei no comando. Os italianos, com a ajuda dos franceses, conseguem expulsar os austríacos de Milão e de Veneza. Os príncipes dos diferentes pequenos Estados devem fugir. Por fim, o papa perde seus territórios e se fecha em uma pequena área da cidade de Roma que se torna, em 1929, o Estado do Vaticano. Em 1870, o reino da Itália tinha definitivamente nascido. Depois da guerra vitoriosa contra a França, os diferentes Estados alemães uniram-se, em 1871, em um Estado que tem em seu comando o rei da Prússia que foi proclamado imperador da Alemanha.

Não se esqueçam de que a Alemanha e a Itália são ainda hoje Estados jovens que não têm a solidez, a coerência que a Grã-Bretanha e a França adquiriram desde a Idade Média.

A Europa contra os povos

Um esboço da Europa aparece no Congresso de Viena, em 1815, dominado por aqueles que venceram Napoleão e destruíram seu império europeu fundado na força. Mas os aliados de Viena querem organizar uma Europa que recusa a liberdade aos povos. São os soberanos da Rússia, da Prússia e da Áustria-Hungria, mais ou menos apoiados pela Grã-Bretanha, que dominam essa Europa da Santa Aliança. O seu personagem simbólico é o ministro austríaco Metternich.

Todos os movimentos revolucionários populares de 1848 fracassaram. O sobrinho de Napoleão abole a República na França e restabelece o império: é Napoleão III. Um povo é particularmente vítima da repressão, os poloneses, que se rebelam em 1831 e são esmagados pelos Russos em 1863.

Em 1867, os austríacos fazem concessões aos húngaros, mas na base da dominação sobre os outros povos da dupla monarquia. Eles comentam entre si: "Recolham suas hordas, nós recolheremos as nossas". As "hordas" são os poloneses, os eslovacos, os romenos, os eslovenos e os croatas.

A Europa coloniza o mundo: a Europa-mundo

Desde o século XVI, os Estados europeus – a França, a Inglaterra, a Espanha, Portugal, os Países Baixos – conquistaram territórios em outros continentes, principalmente na América e no Extremo-Oriente. A Rússia começara a constituir um império em direção ao sul (conquista da Ucrânia) e ao leste, na Ásia (conquista da Sibéria). Esse império ampliou-se no século XIX; ele apresentava importantes originalidades em relação aos outros impérios europeus: era enorme, contínuo, fazendo quase desaparecer a fronteira entre a Europa e a Ásia, e englobando muitos muçulmanos na Ásia central. A Sibéria era principalmente um lugar de deportação e de trabalhos forçados para os prisioneiros políticos, presos por causa de suas opiniões.

No final do século XVIII e no início do XIX, toda a América tornou-se independente dos europeus – ingleses, franceses, espanhóis e portugueses –, com exceção das Antilhas. Foi a primeira grande descolonização.

Mas, no século XIX, a França, a Grã-Bretanha, a Rússia, e também, após sua unificação, a Alemanha e a Itália – que obtiveram apenas uma pequena parte daquilo que sobrou do bolo – conquistaram um império na Ásia (os franceses na Indochina, os ingleses na Índia, onde a rainha Vitória foi proclamada Imperatriz das Índias em 1876). A principal vítima dessa empresa de colonização é a África, que as potências europeias dividem entre si, sobretudo a França e a Grã-Bretanha, mas também a Bélgica e Portugal. Observem o mapa. Não há mais África africana. A França conquistou a maior parte da África do Norte, o Magreb. A África Negra foi desmembrada entre os europeus. Essa Europa colonialista tem o seu congresso, como a Europa conservadora teve o Congresso de Viena em 1815: é o Congresso de Berlim, em 1878, que organiza a divisão da África entre os europeus.

Essa colonização, que lembra as Cruzadas, ainda que sem razão religiosa, é também, como as Cruzadas, um crime da Europa cujas consequências ainda existem. Os europeus trouxeram algumas melhorias nos campos da saúde e da educação. Mas exploraram, em seu próprio benefício, as riquezas econômicas dos africanos;

privaram-nos de sua liberdade e, ainda mais grave, de sua dignidade e de sua identidade. As crianças africanas tiveram que aprender nos manuais escolares franceses: "nossos ancestrais, os gauleses...", o que evidentemente era falso e absurdo. Esses países são agora independentes. Mas as feridas não estão completamente fechadas. A Europa deve se lembrar e eliminar essa mancha vergonhosa de sua história, e cessar de explorar economicamente os antigos colonizados que se tornaram independentes. Ela deve também cessar de apoiar os governantes africanos corruptos e autoritários que retomaram para si os procedimentos dos antigos colonizadores.

Um país representa uma esperança na história dos colonizadores e colonizados na África: a África do Sul. Os europeus, ingleses e holandeses, disputaram o país e então estabeleceram a mais escandalosa dominação sobre os negros (90% da população). Eles criaram, no século XX, o *apartheid*, um regime desprezível de separação dos negros, segregados dos brancos e mantidos em um estado de inferioridade degradante: eles não podiam usar os mesmos meios de transporte, frequentar os mesmos cinemas, os mesmos cafés etc. Felizmente, os negros, lutando, conseguiram obter a igualdade política e o presidente da República atualmente é um negro, Jacob Zuma.

	Império russo
	Britânico
	Francês
	Holandês
	Chinês

FILIPINAS (Esp.)

OS EUROPEUS NA ÁSIA (Séc. XIX)

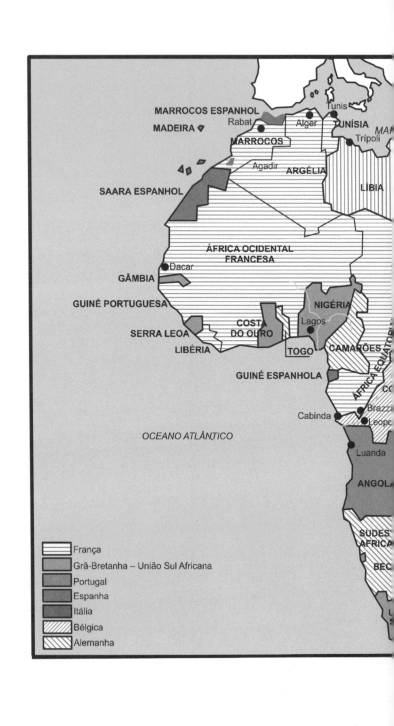

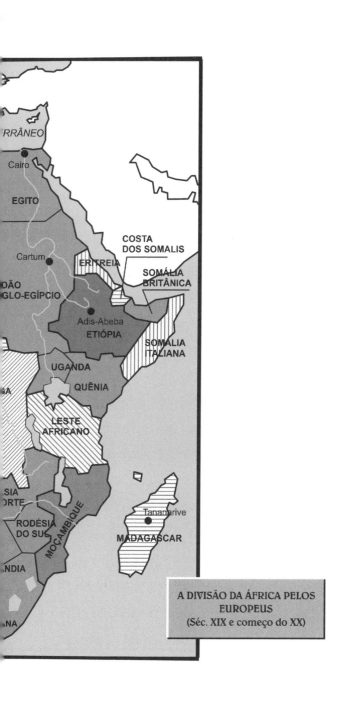

A DIVISÃO DA ÁFRICA PELOS EUROPEUS
(Séc. XIX e começo do XX)

O século da História e da Filosofia

Os europeus, que vivem grandes transformações no campo da economia, da ciência, da política, procuram dominar o passado para saber de onde eles vêm e para aonde vão. A análise dos documentos, o modo de contar a história, os esforços para explicá-la, a criação de sociedades acadêmicas e de revistas especializadas fazem da história uma das grandes preocupações da Europa do século XIX. A pesquisa e a reflexão históricas desenvolvem-se muitas vezes tendo como objeto a nação. Por exemplo, dois importantes nomes demonstram isso na França: Jules Michelet, importante escritor e militante democrata que acolhe no Collège de France o grande poeta polonês exilado, Adam Mickiewicz, e escreve uma grande *História da França*; e Ernest Lavisse que também publica, de 1900 a 1912, a obra *História da França*, mais nacionalista, que atingirá um grande público, particularmente nas escolas.

O conhecimento da história é muito importante para os europeus e para a construção da Europa. É preciso conhecer o passado para saber como preparar o futuro, desenvolver as boas tradições da Europa, evitar que os erros e os crimes recomecem. Também é preciso evitar que se manipule a história forjando mitos nacionalistas. A História não deve ser um fardo a ser carregado ou uma má conselheira que legitima a violência. Com o tempo ela deve trazer a verdade, servir ao progresso.

No campo da Filosofia – que, pelas mesmas razões, procura compreender o que é o homem, a sociedade, a história –, há uma influência especial do pensamento alemão, de Immanuel Kant a Friedrich Hegel.

Continua existindo, na arte, na literatura, ou a influência de um país, ou a difusão de movimentos em toda a Europa. No final do século XIX, é o romance russo que está na moda com dois nomes importantes, Leon Tolstoi e Fiódor Dostoiévski. Caso não os tenham lido, vocês viram ou verão sem dúvida o belo filme americano extraído do grande romance de Tolstoi, *Guerra e Paz*.

Na arte, é o triunfo da pintura impressionista. Vocês já viram os quadros do inglês Willian Turner, dos franceses Édouard Manet, Claude Monet, Edgard Degas, Auguste Renoir e de muitos outros? Depois é o estilo *Modern Style* ou *Art Nouveau*, e, no início do século XX,

Uma breve história da Europa

o cubismo (o francês Georges Braque, o espanhol Pablo Picasso), o surrealismo... Quando vocês puderem, visitem os grandes museus europeus: o Louvre, em Paris; a National Gallery, em Londres; o Prado, em Madri; o Palácio dos Uffizi, em Florença; o museu histórico de Arte, em Viena. Vocês verão que existiu desde a Idade Média uma arte europeia, comum e diversa.

As escolas e as universidades

A Europa foi, no século XIX, o primeiro continente onde quase todas as crianças aprenderam a ler e a escrever; frequentaram a escola. Na França, a III República tornou o ensino primário gratuito, laico e obrigatório. Foi um modelo. O professor primário tornou-se um importante personagem da sociedade europeia.

O ensino superior conheceu igualmente um grande desenvolvimento. Como já vimos, as mais antigas universidades datam da Idade Média. Mas seu ensino foi modernizado. As Ciências e a História também são ensinadas. Uma célebre universidade moderna e de alto nível foi fundada por Wilhelm Humboldt em Berlim. Mas essas universidades deixaram de ser internacionais. Professores e estudantes eram quase todos originários do país onde se encontrava a universidade.

Os cientistas e os progressos científicos

As ciências deram um novo salto. Há alguns exemplos célebres. O fisiologista francês Claude Bernard (1813-1878) fundou a medicina experimental e descobriu que o fígado produzia açúcar. Um outro químico e biólogo francês, Louis Pasteur (1822-1895) descobriu os micróbios e a vacina contra a raiva, e contribuiu ao progresso da medicina e da cirurgia pela assepsia, que previne a introdução de micróbios no organismo. O químico e físico inglês, Michael Faraday (1791-1867), fez importantes descobertas em eletromagnetismo e eletrólise. O alemão, Max Planck (1858-1947), formulou, em 1900, a teoria dos quanta, base da física moderna. O dinamarquês Niels Bohr (1885-1962), desde 1913, encontrou importantes propriedades do átomo. O francês, Henri Becquerel (1852-1908), o francês Pierre Curie (1859-1906) e sua esposa, a polonesa Marie Sklodowska (1867-1934), descobriram, por volta de 1900, a radioatividade. Na mesma época, o neurologista e psiquiatra austríaco, Sigmund Freud (1856-1939), criou a psicanálise.

Esses cientistas foram todos contemporâneos e mantinham contato, comunicavam seus trabalhos e suas descobertas, apoiavam-se mutuamente para que pudessem ir mais longe. Havia uma rede científica europeia.

As ideologias dividem a Europa

A Europa do século XIX também viu surgir algumas teorias filosóficas, econômicas e políticas que levaram muitos homens e mulheres a agir para que essas ideias se realizassem na sociedade. Eram as ideologias. Entre as mais importantes estão o liberalismo, o socialismo, o marxismo.

O liberalismo tem dois aspectos. Um é político: ele se opõe às ideias autoritárias, prega a liberdade e a tolerância, conduzindo normalmente à democracia. Ele conseguiu eleger parlamentos pelo sufrágio universal na maior parte dos Estados europeus. As mulheres tornaram-se eleitoras e elegíveis apenas no século XX. O outro é econômico: as leis econômicas devem regular a produção e as trocas, regular a vida econômica em torno do livre funcionamento do mercado, da lei da oferta e da procura, que aumenta ou diminui o preço das mercadorias, o valor dos salários. Esse liberalismo sacrifica os trabalhadores às leis do mercado, aos lucros dos bancos, das empresas e dos ricos, expõem-nos ao desemprego, mantém uma grande parte na pobreza, e, muitas vezes, na miséria, o que foi terrível para inúmeras famílias operárias do século XIX. A Europa do liberalismo econômico sem freio é também uma Europa ruim. O socialismo vai mais longe que o liberalismo político e combate o liberalismo econômico. Ele quer que a sociedade progrida em direção à justiça social e à igualdade. O marxismo, definido pelo filósofo e economista alemão, Karl Marx (1818-1883), é uma forma extrema do socialismo. Ele considera que o combate pelos interesses materiais e os conflitos entre as classes sociais, principalmente entre a classe operária e a burguesia, é a lei de evolução histórica. Ele quer chegar a uma sociedade sem classes e para isso julga necessária uma revolução e o governo autoritário da classe operária: a ditadura do proletariado. O marxismo desenvolvido por Lênin chegou ao poder na Rússia pela revolução de 1917. Stalin fez da União Soviética o campo de ação do marxismo mais extremista e mais bárbaro: apoiando-se em uma economia inteiramente dominada pelo Estado e pelo Partido Comunista que ele encarnava. O resultado, como vocês sabem, foi a queda da União Soviética e do comunismo.

Entre as fronteiras da ciência e da ideologia, o inglês Charles Darwin (1809-1882) formulou a teoria da evolução das espécies animais: ela seria feita por meio da seleção dos mais fortes. E o homem descenderia do macaco. Ainda que essa teoria tenha uma base científica reconhecida, alguns de seus aspectos são hoje em dia muito criticados.

O pior foi que algumas ideologias dissimularam-se sob a máscara da ciência, como o racismo ou o antissemitismo – ressurgência, também modernizada, dos "velhos demônios internos" da Europa.

É preciso atualmente livrar as ideologias de seu caráter irracional e agressivo. É preciso transformá-las em ideais, ou seja, em bons modelos a serem alcançados ou a serem tomados como objetivos. É preciso substituir a agressividade dos conflitos de ideologias por debates de ideias pacíficas, honestas e tolerantes. A Europa deve ser um grande campo de diálogos pacíficos.

No campo econômico, tão importante para a prosperidade das nações e dos indivíduos, e para o nível de vida dos europeus, é preciso combinar uma economia de mercado, que respeite a liberdade necessária e benéfica, com alguns controles do Estado que devem ser limitados, mas que corrigem a tendência do mercado em desenvolver as desigualdades e as injustiças sociais.

Uma Europa social e esportiva – vamos encerrar com uma nota mais agradável!

E a Europa viu nascer, no século XIX, uma organização dos trabalhadores que defende seus direitos, o sindicato, e os primórdios de uma legislação do trabalho destinada à proteção os operários. Os sindicatos (*trade-unions*) são reconhecidos na Grã-Bretanha, em 1875. Na França, uma lei autoriza as greves desde 1864 e a liberdade sindical é legalizada em 1884. Um sistema de proteção social é adotado na Alemanha nos anos 1880-1885. Na França, os sindicatos se agrupam na Confederação Geral do Trabalho (CGT), em 1895, e o Ministério do Trabalho foi criado em 1906. Uma organização agrupando sindicatos e organizações políticas, sob a influência do socialismo, é fundada em Londres em 1864: é a I Internacional, que será refundada em Paris em 1889 (II Internacional)[9]. Sindicatos e Internacionais querem não apenas proteger os operários, mas mudar

---

[9] A III Internacional marxista e comunista foi fundada por Lênin, em Moscou, em 1919.

a sociedade em uma direção mais igualitária e justa, ora pela lei, ora pela violência. É o que expressa a *Internacional*, cantada pela primeira vez na festa dos Trabalhadores de Lille, em 1888.

A Europa viu renascer o esporte individual e coletivo, tão importante na Antiguidade grega e que, junto com os estádios, desapareceu na Idade Média, tempo em que o corpo era desprezado. Primeiramente aristocrático, o esporte tornou-se pouco a pouco mais democrático, e alguns se transformaram em esportes de massa. Esse desenvolvimento aconteceu em um contexto ao mesmo tempo nacional e europeu, pois logo aconteceram competições entre as nações europeias. Antes mesmo do esporte organizado, a ginástica apareceu, desde o fim do século XVIII, principalmente na Alemanha, e o sueco Ling (1776-1839) teve tal influência que seu método recebeu o nome de ginástica sueca. Em 1823, um aluno do colégio de Rugby, na Grã-Bretanha, colocou a bola sob seu braço durante uma partida de futebol. Ele acabara de criar um novo jogo esportivo, o rúgbi, que só foi codificado em 1871. Na França, as mais antigas sociedades esportivas, as de remo, foram criadas em 1853. Dois grandes clubes surgiram, o Racing Club da França, em 1882, e o

Stade francês, em 1883. Um Comitê Nacional dos Esportes foi fundado em 1908.

Esse movimento foi coroado pelo renascimento dos Jogos Olímpicos, sob o impulso de Pierre de Coubertin, em 1896.

No século XX: da tragédia à esperança

Serei mais breve em relação ao século XX. Esse período está mais próximo, e vocês poderão conhecê-lo nos jornais, nos livros, na televisão, ouvirão seus pais e avós falarem sobre ele.

Vou tratar apenas do essencial, apenas daquilo que se relaciona ao objeto desse pequeno livro: o que reaproximou os europeus? O que os distanciou? A história os preparou melhor para serem unidos ou separados?

A esse respeito, o século XX é o mais dramático e o mais contrastado.

A Europa se entremata
e desce aos infernos

Por duas vezes, a Europa está no centro de guerras mundiais que provocam mais ruínas e vítimas em seu solo. Primeiro, em 1914-1918 (a Grande Guerra) entre, de um lado, a França, a Grã-Bretanha, a Bélgica, a Itália (a partir de 1915), a Rússia – que abandona tanto a aliança quanto a guerra após a revolução de 1917 –, e, de outro lado, a Alemanha e a Áustria-Hungria, que finalmente são derrotadas. A guerra deixou lembranças tão terríveis que muitos europeus dizem que ela deveria ser a última.

Todavia, vinte anos depois, a Alemanha de Adolf Hitler, após ter anexado ao seu território a Áustria e a Tchecoslováquia, invade a Polônia. A Grã-Bretanha e a França declaram guerra à Alemanha, que tem o apoio da Itália de Benito Mussolini: democracias contra ditaduras nazistas (nacional-socialista) e fascistas (seu nome vem de *fascio*, que significa feixe, e é o símbolo do regime). A Alemanha invade os Países Baixos e a Bélgica, e depois a Dinamarca e a Noruega. Ela força a França derrotada a capitular. A Alemanha hitlerista ocupa, com a Itália, sua aliada, que atacou a Sérvia e a Grécia, quase toda a Europa, menos a Grã-Bretanha, que resiste

Uma breve história da Europa

corajosamente; a Suécia e a Suíça que permaneceram neutras; a Espanha e Portugal, amigos da Alemanha, mas que ficaram fora da guerra. Hitler quer transformar a Europa dominada pela Alemanha e pelo nazismo. É a pior tentativa de união europeia já tentada.

A União Soviética, herdeira da Rússia, que concluiu com a Alemanha, em 1939, um pacto que permitia a esta começar a guerra e que com ela dividiu a Polônia, acaba também entrando na guerra ao lado dos democratas ocidentais e contra a Alemanha.

A Itália e depois a Alemanha são finalmente derrotadas com a poderosa ajuda dos Estados Unidos, sobre o qual falaremos mais tarde.

Após cada uma dessas terríveis guerras, a arruinada Europa chora seus milhões de mortos e altera as fronteiras dos Estados europeus. Olhem os novos mapas europeus, eles, sobretudo depois da guerra de 1914-1918, satisfizeram algumas exigências legítimas de algumas nações, mas criaram novas injustiças de fronteiras e são repletos de conflitos futuros.

O horror ao conflito foi reforçado entre as duas guerras e depois da Segunda Guerra Mundial com os crimes cometidos pelos regimes políticos e sociais monstruosos, nos quais o exército e, sobretudo, a polícia, foram agentes de assassinatos e de violações dos direitos humanos ordenados por ditadores sangrentos e seus colaboradores.

Não devemos nos esquecer

Na Alemanha, o regime de Hitler organizou campos de concentração onde eram detidos, em condições horrorosas, os prisioneiros políticos, alemães e europeus, e para onde era deportado um número crescente de inocentes vítimas do racismo nazista: poloneses, ciganos e, sobretudo, judeus.

Na França, essa deportação de judeus foi feita com a cumplicidade do abominável governo de Vichy, dirigido pelo Marechal Philippe Pétain. A partir de 1942-1943, os nazistas decidiram, em razão da raça, pelo extermínio de todos os prisioneiros e, sobretudo, dos judeus. É o que eles chamaram "a solução final". É o genocídio dos judeus, a *Shoah*[10]. Foram poucos os que conseguiram sobreviver.

Não se esqueçam desses crimes. Não haverá uma boa Europa sem memória; memória dos seus crimes, e, de todos, este foi o mais horrível.

Bem antes da Segunda Guerra Mundial, o regime comunista dominado por um outro ditador monstruoso,

---

[10] Cf. p. 72.

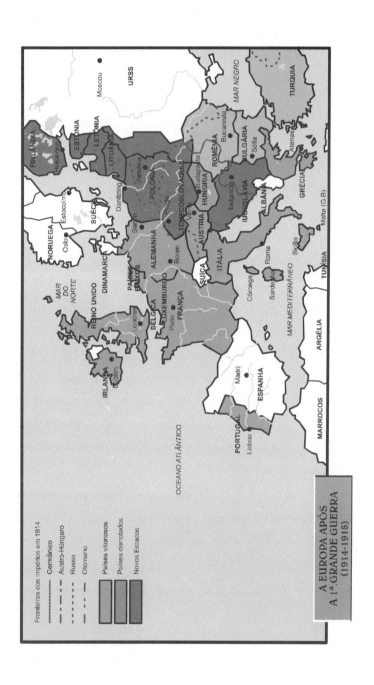

Joseph Stalin, executara crimes atentatórios à liberdade e à dignidade do homem e aos seus direitos: processos montados, deportações e execuções massivas de poloneses e de outros povos. Como uma triste simetria aos campos de concentração, os campos soviéticos na Sibéria, o *gulag*, abarrotaram-se de deportados que ali viviam em condições infames, sujeitos ao trabalho forçado; muitos morreram. Não se esqueçam também desse *gulag* que o escritor russo Alexandre Soljenitsyne, que ali viveu, descreveu.

Durante muito tempo os direitos humanos também foram violados nos países onde os regimes ditatoriais eram menos terríveis, mas cuja opressão também não deve ser esquecida: a Itália fascista; a Espanha dominada por Franco a partir de 1939; Portugal governado por Salazar; a Grécia dirigida pelos "coronéis".

Apesar da vitória comum, as democracias ocidentais e a União Soviética logo se opuseram. Esta instalou regimes comunistas sob suas ordens na Polônia, na Alemanha Oriental, na Tchecoslováquia, na Hungria, na Romênia, na Bulgária, na Iugoslávia e na Albânia, ocupando militarmente a maior parte desses países. Entre esse novo império e a Europa Ocidental, foram construídas uma linha de arame farpado e torres de observa-

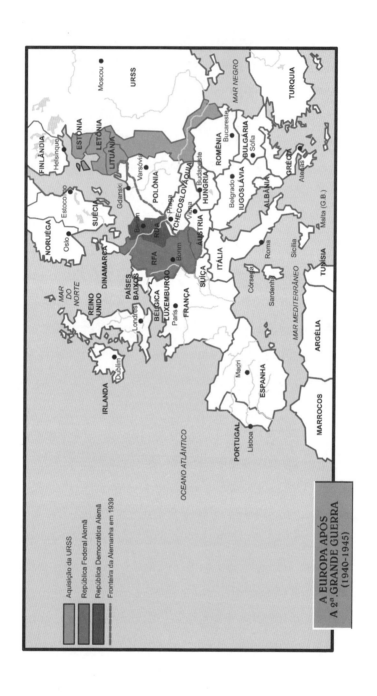

ção (e, em Berlim, um muro) impedindo que homens e mulheres da Europa do Leste fossem para o Oeste. Foi a "cortina de ferro" e, na Europa (e com os Estados Unidos), a "guerra fria".

No final da década de 1980, o comunismo soviético caiu, arruinado por sua impotência em construir uma economia que permitisse viver, e por seus excessos policiais. Os países subjugados na Europa Central e Oriental reconquistaram a independência e a liberdade, o muro de Berlim foi destruído, a Alemanha dividida em duas foi reunificada. A própria União Soviética dividiu-se e desapareceu. A Rússia e os Estados Independentes apareceram ou reapareceram. Um novo mapa da Europa se formou. Olhem-no. Ele permanece frágil, repleto de ameaças de conflitos nacionais, já que os povos e as nações foram durante muito tempo oprimidos pelo Império Austro-Húngaro e, sobretudo, pelo russo e soviético. O ponto mais tenso continua sendo a ex-Iugoslávia, teatro de conflitos cruéis entre povos animados por um nacionalismo em que os maus aspectos são muitas vezes mais fortes do que os aspectos legítimos.

A Europa não domina mais o mundo

Desde meados do século XIX, um grande país, criado pelos europeus, mas em detrimento dos índios, tornou-se cada vez mais poderoso, os Estados Unidos da América. Após as duas grandes guerras, as principais nações europeias, a Alemanha, a Grã-Bretanha, a França, foram superadas pelos americanos. Mas também pelo Japão, que, mesmo tendo perdido a Segunda Guerra Mundial, transformou-se em grande potência mundial. A imensa China está acordando. A Índia, que chamamos um subcontinente em razão de sua massa geográfica e de sua população, certamente também se tornará uma potência mais forte do que as principais nações europeias. No campo da técnica, da ciência, da pesquisa, os ricos Estados Unidos também superaram os europeus. A França e a Grã-Bretanha possuem a bomba atômica, a Rússia ainda possui um importante estoque de bombas, mas tornou-se frágil; os Estados Unidos são a única potência atômica militar. Mas deve-se desejar que o átomo sirva apenas à produção de energia pacífica.

A descolonização representa um aspecto positivo do fim da dominação dos europeus. Quase todos os povos da terra não são mais colônias europeias. Os europeus estão livres dessa tarefa. Eles não possuem mais essa desvantagem e podem fazer reinar em seus países e, por sua influência pacífica, no mundo a vontade de prosperidade, justiça e civilização.

Mas face aos novos gigantes, o que devem fazer esses Estados europeus desunidos? Unirem-se, formar uma grande Europa unida. Assim, ela será tão forte quanto os Estados Unidos, o Japão e outros Estados que se tornaram importantes potências. Ela poderá defender sua independência, sua liberdade, suas tradições, sua originalidade, seu futuro. Ela não pode se fechar, recusar-se aos outros, não mais que às roupas ou aos refrigerantes americanos do que aos automóveis japoneses. Mas deve defender pacificamente seus produtos – vinhos, cervejas, massas etc. – e principalmente seu cinema, sua televisão, sua literatura, seu modo de viver. Ela não deve ser inundada, americanizada, japonizada. Os europeus da Europa Central e Oriental e os próprios russos souberam não se sovietizar. E os europeus têm trunfos para enfim se unirem.

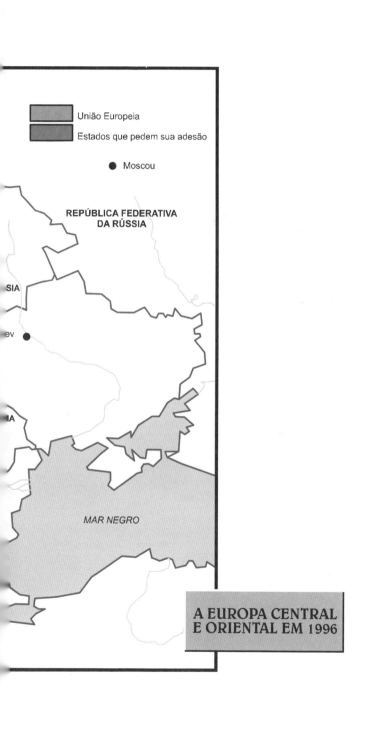

Vocês viram que os constantes conflitos entre a França e a Alemanha agitaram a Europa durante séculos. Ora, sob o impulso do General Charles de Gaulle e do Chanceler Konrad Adenauer, elas se reconciliaram. Tornaram-se até amigas e formam uma dupla unida, o que representa uma grande vantagem para toda a Europa.

Por outro lado, a lição dos desastres causados pelas duas grandes guerras parece que desta vez foi compreendida. Os europeus querem a paz na Europa. E, uma última vantagem realmente importante, não há mais ditaduras políticas em solo europeu. Todos os países têm um regime democrático que respeita o direito e os direitos dos cidadãos, com parlamentos eleitos livremente pelo sufrágio universal. Por isso um grande número de europeus têm mais consciência de que é preciso eliminar completamente tudo aquilo que os opuseram e explorar tudo aquilo que eles têm em comum há séculos, como acabamos de ver.

Algumas datas do progresso da Europa unida

1929 – Um pioneiro: o Ministro francês, Aristide Briand, propõe em Genebra diante da Assembleia da Sociedade das Nações organizar a Europa.

1948 – Criação da Organização Europeia de Cooperação Econômica entre os países da Europa Ocidental (Oece).

1951 – Tratado de Paris instituindo a Comunidade europeia do carvão e do aço entre os Seis: França, Alemanha, Itália, Bélgica, Países Baixos, Luxemburgo, (Ceca), que o francês Jean Monet presidirá em Luxemburgo.

1957 – Tratados de Roma instituindo entre os Seis a Comunidade Econômica Europeia (CEE) e a Comunidade Europeia da Energia Atômica.

1973 – A Grã-Bretanha, a Irlanda, a Dinamarca tornam-se membros das Comunidades europeias. É a Europa dos Nove.

Uma breve história da Europa

1979 – Criação de um sistema monetário que une as moedas europeias (SME).

1981 – A Grécia torna-se o décimo membro das Comunidades.

1986 – A Espanha e Portugal tornam-se membros: Europa dos Doze. Assinatura de um novo tratado de união mais sólido: Ato único.

1992 – Um tratado sobre o fortalecimento da União Europeia que prevê uma moeda europeia única é assinado em Maastricht.

1994 – Adesão da Áustria, da Finlândia e da Suécia: Europa dos Quinze.

As capitais da Europa são: Bruxelas, onde está sediado o governo do qual fazem parte os ministros de todos os Estados membros, e Estrasburgo, onde o Parlamento eleito está sediado na maior parte do tempo.

De 15 a 27

Uma nova ampliação representa o grande acontecimento europeu entre 1994 e hoje (2007). Em 2004, aconteceu a entrada decisiva dos países da Europa Central e Oriental, marcando a passagem para a União Europeia de todos os países que haviam sido integrados a oeste de seu império pela União Soviética. Eis a lista dos países por ordem alfabética: Eslováquia, Eslovênia, Estônia, Hungria, Letônia, Lituânia, Malta, Polônia, República Tcheca, aos quais é necessário acrescentar Chipre, mas apenas a parte grega está integrada à União europeia, pois a parte turca não é reconhecida. Foi a Europa dos 25, à qual foram acrescentadas em 2007 a Bulgária e a Romênia. Provavelmente a Croácia será admitida em 2009, e aparentemente haverá uma longa evolução interna que deixa de fora a CEI – Comunidade dos Estados Independentes – que existe em torno da Rússia, compreendendo o Leste europeu até a Ásia Central e a parte oriental da Eslovênia. A evocação do General de Gaulle, "a Europa do Atlântico até os Urais", não tem futuro.

Rápido ou devagar?

Outro importante acontecimento foi a recusa da França e dos Países Baixos, em 2005 por ocasião do referendo, de um projeto de constituição europeia ao qual criticou-se seu tamanho e sua compilação e, sobretudo, seu pouco interesse pelas questões sociais. Penso que ele continha muitas aberturas e que teria valido a pena aprová-lo. Lamento mesmo esse fracasso, se o compreendo. Sou partidário de uma Europa mais unida, mas compreendo que muitos europeus tenham dúvidas. É necessário respeitar aqueles que têm uma outra opinião sobre a Europa, em particular aqueles que desejam uma Europa mais social, mais preocupada com os europeus e com todas as pessoas em dificuldade.

Creio que é necessário encontrar um equilíbrio entre as nações que compõem a União Europeia, e muitos cidadãos que delas fazem parte, zelam pela independência nacional, e um poder supranacional, que, sob uma forma mais ou menos federativa (mas diferente do que se passou nos Estados Unidos – nossas tradições, respeitáveis,

Jacques Le Goff

são diferentes), permite realmente que a Europa fale, decida, avance com uma única voz e com um único passo.

É necessário reconhecer que normalmente a história avança de modo lento, sobretudo quando a mudança é tão considerável quanto a passagem da Europa dividida do passado à Europa unida do futuro. A União Europeia já realizou progressos surpreendentes: o fim das guerras entre europeus, a democracia em todo os países, a abolição da pena de morte, a constituição de um espaço sem fronteiras internas – o espaço Schegen (cidade luxemburguesa onde foi assinado o tratado inicial em 1985) que compreende atualmente, em 2008, vinte e quatro países. A Comissão Europeia de Bruxelas avança devagar – mas avança. A Europa é uma longa espera. Seria desejável, no entanto, que a construção europeia encontrasse um melhor dinamismo. É preciso exigir dos governos e dos políticos que eles trabalhem seriamente pela Europa. Ajudar os ingleses a serem mais europeus: a Europa necessita de um Reino-Unido engajado. Em todo caso, não imitem os europeus indiferentes, medrosos, fechados em si mesmos e que têm medo de avançar. É necessário ajudar aqueles que são chamados de "eurocéticos" a se livrarem de seu ceticismo.

Qual Europa?

Um dos grandes objetivos da União Europeia é o de equilibrar – em relação à população, às forças econômicas e à influência cultural – os outros grandes conjuntos mundiais, neste século XXI em que a humanidade começa a sofrer a dominação dos poderosos sobre toda a terra, por meio do que é chamado de globalização.

A atual Europa unida tem $4.300.000km^2$ e conta com aproximadamente 490 milhões de habitantes. Comparando com os outros gigantes: os Estados Unidos têm $9.640.000km^2$ e 299 milhões de habitantes; a China tem $9.580.000km^2$ e 1 bilhão e 311 milhões de habitantes; a Índia tem $3.300.000km^2$ e cerca de 1 bilhão e 122 milhões de habitantes. Seria necessário evidentemente acrescentar aqui uma comparação entre as forças econômicas e militares: os Estados Unidos são os primeiros nesses campos; a China e a Índia progridem; a Europa, que sofre a falta de matérias-primas, é bem industrializada e tem sólidas tradições econômicas.

Realizar uma política econômica comum é sem dúvida um objetivo prioritário para a União Europeia, assim como uma política energética comum e também uma proteção comum do meio ambiente. Ela deve em particular evitar ser dominada pelo Banco Europeu Comum, que

Jacques Le Goff

deve estar a seu serviço e não governá-la. Em todo caso, a moeda comum – o euro – é um progresso. Na Idade Média, a multiplicação das moedas, o constante recurso ao câmbio freou o desenvolvimento econômico da Europa. Mas nem todos os países da União Europeia adotaram o euro como sua moeda; hoje, em 2007, são quinze os países que o fizeram: Alemanha, Áustria, Bélgica, Espanha, Finlândia, França, Grécia, Irlanda, Lu-xemburgo, os Países Baixos, Portugal, Eslovênia, Malta e Chipre. Creio que ele trouxe-lhes mais melhorias do que dificuldades.

Os europeus estão muito divididos sobre a eventual entrada da Turquia na União Europeia. Tentem formar uma opinião pessoal. Creio que nem a geografia, nem a história, nem seu comportamento político atual (em particular sua dominação sobre os curdos) justificam sua próxima entrada. Contudo, as razões religiosas não devem ser consideradas. A Europa é laica e a Turquia é, com a Tunísia, o mais laico dos países muçulmanos. É preciso levar em conta muito mais o peso geográfico e demográfico da Turquia, e lembrar que, mesmo para os países indubitavelmente europeus que entraram na União Europeia, a ampliação aconteceu um pouco rápido demais. O risco de desequilíbrio vem da superfície e da população da Turquia: cerca de 776.000km^2 e 74 milhões de habitantes. É necessário deixar o tempo passar antes de reexaminar a possível entrada da Turquia na União Europeia, que não se impõe, mas que não é impossível.

Uma breve história da Europa

A grande Europa deverá ter uma janela: aberta para o sul, para o Terceiro Mundo, para a terra inteira, não mais para explorá-la, e sim para dialogar com ela e ajudá-la.

Além do mais, a Europa não deve ser dominada somente pela economia, pelo dinheiro, pelos negócios, pelos interesses materiais. Ela deve ser uma Europa da civilização, da cultura. É o seu melhor trunfo, há muito tempo é a sua herança mais preciosa. Lembrem-se: Grécia e Roma, o cristianismo, o humanismo, o barroco, o Iluminismo, e assim por diante.

Ela deve ser uma Europa dos direitos do homem – sua criação –, da mulher e da criança. Uma Europa mais justa que lute contra as desigualdades, contra o desemprego e a exclusão – males que os europeus não conseguirão eliminar senão juntos. Uma Europa mais preocupada em respeitar o equilíbrio entre os homens, os animais e a natureza.

Creio que a realização de uma bela e boa Europa é o grande projeto oferecido à sua geração. Necessitamos, principalmente quando se é jovem, de um grande objetivo que seja um ideal e uma paixão. Apaixonem-se pela construção europeia, ela merece. Se ajudarem a realizá-la, ela lhes retribuirá, ainda que devam enfrentar algumas dificuldades. Nada de importante se obtém sem esforço.

E não se esqueçam, por favor, que nada de bom se faz sem memória e que a história é feita para oferecer uma memória justa que, pelo passado, iluminará o presente e o futuro de vocês.